懺悔的實證
——依於《梁皇寶懺》

懺重於表露過去所犯的一切錯過罪，
悔則從此發心不再有二度毀犯。
要言之，唯有真懺，才能有真悔。

胡順萍——著

元華文創

序　言

　　《梁皇寶懺》本是梁武帝為郗后請求寶誌禪師所集的懺本。言「懺」，則「悔」必隨之：懺重於表露過去所犯的一切錯過罪，悔則從此發心不再有二度毀犯。要言之，唯有真懺，才能有真悔。

　　對於常人而言，要能知過已屬不易，更何況是承認自己有過失，且又能深刻改正之，實為難上加難。然正因於無法反觀自身的問題，於是，習氣執染將隨著時日而堆疊漸高，如是，將使懺悔更顯難得與寶貴。為人若無法具有自我反省的能力，則終將無有再進步的可能空間。

　　亦或許，一般人不知從何懺起？不知自身問題之所在。本《梁皇寶懺》其殊勝處，在於能帶領學人從日常的起心動念開始懺悔，內容陳述細膩，深觸人心，讀之無不感動落淚，此乃其契入於人之性德而然。

　　本經於陳述懺悔相關之文後，更多的是為各六道眾生發願禮佛，要言之，六道眾生無不皆是過去生中的親緣眷屬，只因不明義理，造作無量罪業，以是，自當自受於各六道之中流轉生死而不得出離。於今，仰仗諸佛願力，真誠懺悔禮佛，以求出離，並能警念無常，而發心迴向菩提，是為本經之大要。

　　本書的著作方向，以《梁皇寶懺》為依據，將相關於懺悔、發願、禮佛、迴向等義理，以近於日常生活為主述方向，以明悟實證力行懺悔於修學上之關鍵作用，並提供學人為之參考。

目　次

一、慈悲道場懺法：慈悲為諸善中王，
以發十二大心立懺法

慈悲為諸善中王

> 「慈悲，諸善中王，一切眾生所歸依處。如日照晝，如月照
> 夜。為人眼目，為人導師。為人父母，為人兄弟。同歸道場，
> 為真知識。慈悲之親，重於血肉，世世相隨，雖死不離。」

　　所謂慈悲，依於佛門的解釋，慈是與樂，悲是拔苦。顯然，這是一
種待人處世的心態與行為風範。當面對他人所遭遇的困境時，能適時地
給予協助，以助其得能遠離當是時的煩惱與痛苦，使其能再度擁有勇氣
來面對未來的人生，此即謂之為悲。除此，若能時時傳播快樂、歡喜給
予他人，更能善於分享自己的智慧與能力，此即謂之為慈。

　　慈與悲看似有其不同的內涵，然實際上兩者是一非二。一位具有無
量慈心的人，定然不忍看到眾生受苦，即使是一隻小小的昆蟲，其珍惜
自己的生命，實然是同於自己的，故一旦有因緣碰到，自會想盡辦法以
助眾生脫離痛苦的困境，以是，慈中自然有悲心。同理，一位悲心深刻
的人，自能使眾生感到安心怡然，自然而然以遠離恐怖、畏懼，故悲中
實然已蘊含無限的慈心。

　　在地球已成一家的現今時刻裡，慈悲心的長養與持續地擴而充之，
可謂是人人必要學習的功課。尤當在人與人、人與環境、人與一切生命

的關係如是地緊密的大時代裡,如何時時保有一顆溫暖且具有同理心的人,才能真實有益於無量的群生與所處的環境,而諸佛菩薩則為典範。

廣為眾生而自守深戒

「今日道場,幽顯大眾。立此懺法,并發大心,有十二大因緣。何等十二?一者願化六道,心無限齊。二者為報慈恩,功無限齊。三者願以此善利,令諸眾生,受佛禁戒,不起犯心。」

諸佛菩薩是依於廣興慈悲心而得以成就,顯然,此中的關鍵在能發廣大利益眾生的心。以是,所謂「懺法」,於表面言之,是為自己的錯過罪能先表白出來,這是一種能知錯且認錯的過程與精神,此則謂之懺。然必再依此表懺,以行於未來不再重複的犯過,此則謂之悔。簡言之,前愆的表露,與不二過的後行,此兩者實然是一體兩面。

對於一般多數的人而言,人生最感困難的部分,可以說就是能承認自己的過錯,能真誠勇於道歉並革心改過,若真能如是行者,實然可謂是大丈夫。故諸佛菩薩在因地修行中,為免陷於今日懺,明日又再重蹈覆轍,如是永無止息的輪迴之中,以是,廣為眾生開立的懺法,實然就是要眾生能興發大願心,唯有依此大願心的行持,促使自身於利益眾生之中,才能真實地成就自己。

諸佛菩薩的大心,其所具有的廣度、高度與深度,實然是凡夫所應力行學習的榜樣。如:「願化六道」與「心無限齊」,所謂六道,廣義言之,就是一切可見與不可見皆包含之。惟於多數學人而言,可以先由善待一切動植物與環境入手,以開闊自己的心量。

依於善力以遠離慢恚嫉心

> 「四者以此善力，令諸眾生，於諸尊長，不起慢心。五者以此
> 善力，令諸眾生，在所生處，不起恚心。六者以此善力，於他
> 身色，不起嫉心。」

檢視人生所遭逢的一切困境與挫折，大抵不離是因於輕慢所致。例如：在與他人相處的過程中，往往容易視為理所當然，無法珍視他人的點滴付出，尤其是我們最為親近的父母、兄弟與師長。一旦相處日久，不論於言語口氣上，亦或是生活的細節上，不經意的慢心流露而出，往往亦不易內省與察覺。

當慢心習以為常之後，則凡所見與所處的一切人事物，一旦無法恰如己意之時，則瞋恚必然隨之而起。然為人除非是離群索居，否則，必然要投身於社群環境裡，此中，實然是無法時時、事事皆要依照己意而行，於是，因於不平不滿所導致的對立與衝突，而所增添的煩惱與困境，亦將無有窮盡。

因於慢與恚，則於諸人事物極易產生嫉妒之心，且更有甚者，想方設法以行一切破壞之舉。如是的心行，看似在傷害他人，實然自傷將百倍於他。為人一旦起慢心、恚心與嫉心，如是的人生，即或是眼前擁有富貴名利、權勢地位，然於自身實然是毫無幸福可言的。只因個人的欲求不滿與不良心行，早已將心性本具有的自在安然摒除於外，如是的生活，即或擁有全世界，亦是可悲。

廣施眾生才能真實以得利益

「七者以此善力，令諸眾生，於內外法，不起慳心。八者以此
善力，令諸眾生，凡所修福，不為自身，悉為一切無覆護者。
九者以此善力，令諸眾生，不為自身行四攝法。」

人的一生，於身口意上，多所難免有其過失，唯關鍵在於要知錯能
改，而善法亦可謂是改過之路的一盞明燈。亦可言：若不能於善法有其
長久的修學，則即或已有違犯，亦不易自我察知。於培養善法的最佳途
徑，除自我聽聞之外，若能為人演說並力行，於此，不但可消卻慳吝之
心，更是廣結善緣的一帖良方。

當世界人口已達七十八億之數時，且又因於媒體的傳播速度，實然
處處可見溺陷於地水火風不調的區域與人民。以致，即或無法現身其前
為其援助，但同處地球另一端的人們，若能心存善意，為其祈禱祝福，
如是的善心實然將遍滿整個寰宇，如是的善心實然就是一種最大的修
福。

大凡一般人，就是先求自得，再將多餘惠施於人，此或是人情的常
態。然若能仿效諸佛菩薩，不為自身求安樂，但願眾生得離苦，一切所
願與所行皆以眾生為第一考量，如：即或對他人能行持「布施、愛語、
利行、同事」的四攝法，然於自內心的深層處，絲毫無有得求回饋的念
想，一切但為眾生而自然以行。為人一旦心思越趨於清淨，才能獲得真
實的安然自在，此確然如是。

永持發心利他的願行

「十者以此善力，令諸眾生，見有孤獨幽繫疾病，起救濟心，
令得安樂。十一者以此善力，若有眾生，應折伏者，而折伏
之，應攝受者，而攝受之。十二者以此善力，令諸眾生，在所
生處，恒自憶念，發菩提心，令菩提心，相續不斷。」

在人的一生當中，從出生以至老死，如是漫長的旅程中，雖言人是
具有群聚性的，但無法避免的是，即或曾經擁有父母、兄弟，乃至結婚
有另一半與子女等，本看似親情緊密的狀態之下，然或因於各種複雜的
變化，導致年老而獨居生活的比例，近年已有逐年攀升的趨向。如是之
人，若再加上病苦的折磨，誠可謂是最需陪伴與關懷的對象。

人人本具善性，如是的事實真理，可以由歷代的諸佛菩薩得到明
證。要言之，為人當可具足善性，然關鍵在於如何避免與抵抗外在的種
種誘惑。因此，若能效法佛聖菩薩，善能攝化有緣的眾生，使其亦能發
揮本具的良知良能，唯能在如是善的循環之下，才能真實開創文明、進
步與發展的未來。尤其在講求個人主義高張的現今時代裡，如何才能引
導他人趣向善端，誠可謂不易與難得。

隨著社會文明的日益進步，已然有甚多的人士積極投入於各式不同
的志工團體，唯期待如是的心行能持續不斷，且又能引進更多的人參與
其中，則未來全世界的和諧與和樂將可預期。

二、斷疑：依往業植因，以得所致之果，是為真善知識

「因果通三世」的法則

「夫因果影響，感應相生，必然之道，理無差忒。而諸眾生，
業行不純，善惡迭用。以業不純，所以報有精麤。其事匪一，
參差萬品。既有參差，不了本行。以不了故，疑惑亂起，而不
知往業植因所致。」

對於一般人而言，讀歷史可以知曉過去之事，並可評論之。然對於
自己的未來又將如何？此顯然是無法預測得明的。然若以因果論而觀一
切法，則當可鑑往以推知未來。惟因果論所涉及的範圍，是極其廣面與
複雜，以是，對於常人而言，總有甚多的疑惑。例如：好人卻短命，為
惡者卻仍逍遙法外等，又因於眼前所見的景況如是，以致對於因果報應
之說，無法信服之。

鑑往可推知未來，此中實然無有任何的迷信存在，一旦行如是之
因，必將有如是之果，此為確然。惟佛門所論的因果，並非僅依一世而
論，其關鍵在「因果通三世」，在無量的過去、現在與未來，其彼此之
間是互為影響的。亦可言：在「因果通三世」的法則之下，實然無有任
何人是吃虧或占便宜的。

為人最困難的就是「不知往業植因所致」，惟若能在現前的人事境

緣中，處處反求於自己的修德，要言之，當外在因緣條件不如意之時，正是自身反省與用功之所在，否則，一再地向外抱怨與責怪，於己徒增煩惱而已，於事亦無有任何的助益。

無常的世間之樂

> 「每染世間，皆言是樂。若言樂者，何意於中，復生苦受。飲食過度，便成疾疹。又言眷屬以為樂者，則應長相歡娛，何意俄爾無常，倏焉而逝？適有今無，向在今滅，號天叩地，肝心寸斷。又不能知生所從來？死所趣向？」

佛門所強調的「三界是苦」，並非是要對世間懷抱消極的態度，實然是要眾生能體會凡眼前所看似快樂之事，若深觀之，誠可謂只是一場幻化而已。要言之，「凡所有相，皆是虛妄」，其真實目的是在引導眾生能於一切相中，皆能自在快樂。例如：物質的豐富、際遇的順逆、壽命的長短，乃至人事因緣的聚散變化等，若能具有幻化不實的觀照智慧，則將可在一切相中而超越安然，如是，即是諸佛菩薩的心境與生活。

對於常人而言，苦的感受是較為深刻的，尤其在當今的時代裡，人們每天所要面對的，除日常的衣食、工作之外，尚有來自於大環境的種種挑戰等，故如世俗所言：「不如意之事十之八九」，此中，實然已道盡為人一生的不易與困難。雖言人世有其苦境，但人們仍不斷地在追求著自以為是的快樂，且又樂此不疲地以此為人生的最重要目標。然為人終將必須面對的功課，就是生死的大事，當「不知生所從來？死所趣向？」的問題時，則一生的憂慮與忙碌，又到底是所為何事呢！

修出世因，得出世樂

「眾生迷見，謂出世樂因，皆言是苦。或見進噉蔬澀，節身時
食，去其輕輭，習糞掃衣。皆言是等，強自困苦。不知此業，
是解脫道。或見布施持戒，忍辱精進，經行禮拜，誦習之人，
翹勤不懈，皆言是苦，不知是等，修出世心。」

常人多習染世情，亦在人事境緣當中，不知不覺地糾結成無量的恩
怨情仇。又依於在如是的恩怨情仇之中，不斷地層層疊疊，除更加深此
中的錯綜複雜與紛擾纏覆之外，實然找不到有任何的喘息機會，亦無有
片刻的安寧與心淨。也或許，一旦習染過久，反以為如此才是真實的人
生之道，以致，一朝為其指示有出世之法得令安然自在，大多數無法接
受，而更多的是疑惑與不信，想來：亦不足為奇。

想當年釋尊放棄王位，托缽乞食，行遊教化，如今想來，實然非大
丈夫不能為也。且翻開人類的歷史，不論是古今，亦或是中外，但為王
位而你爭我奪，更有甚者是骨肉相爭、兄弟相殘，如是在人世看似最為
富貴榮華之所在，卻也蘊藏著最深的仇恨與對立。然相反地，自持樸實
簡約的食衣住行，不與人爭，但求利他而不求回報，如是看似在自苦，
卻又擁有最為豐富的心靈生活，而諸佛菩薩的示現，正為人間典範美的
生命、美的人生。在處於甚是強烈自私與爭奪的世代裡，唯有深智願
行，才得以追隨諸佛菩薩的腳步。

斷惑修行以入佛聖之道

> 「（疑惑習氣）此生不斷，後世復增，大眾相與，方涉長途，
> 自行苦行。當依佛語，如教修行。不得疑惑，辭於勞倦。諸佛
> 聖人，所以得出生死，度於彼岸者，良由積善之功，故得無
> 礙，自在解脫。」

　　人生能得遇善知識，是為人生之幸，唯此中的關鍵仍在自身之上，
要言之，善知識亦僅能引進門而已，如何依教奉行、持續用功，終將待
己以成，是無法假手他人的。且在修行的過程中，若無法於真實法義有
深刻的體認，則亦極容易因外在的些微變化，而動搖原有的信心。以
致，如何斷除疑惑，誠可謂是修行的第一步。

　　學人一旦有心步上修行之路時，首先即要能深觀自身與周遭所呈現
的一切因緣。例如：若己並無重大的過失，卻遭逢他人的謾罵與羞辱，
當於此時，更宜冷靜且具有智慧的面對，於此中，若能反轉為感恩他人
成就自己的忍辱行，才能將逆境化為增上緣，如是才可謂是真修行。否
則，彼此互為加深怨仇，如是地糾葛溺陷不清，才真可嘆與可悲。

　　同理，或見樂於助人的善良之輩，應得長生，卻又短命。或清廉之
人，當得富足，卻又貧苦。凡諸如此的種種現象，若因之而於佛聖之道
產生懷疑，以起退轉之念，此則顯然是於業因果報的深觀尚不具足，於
此，僅能更為精進奉戒，才能漸行於諸佛菩薩之道上。

勤於修行而不空過一生

「且四大增損，疾病是常。乃至老死，不可得避。人生世間，
會歸磨滅。若欲得道，當依佛語。違而得者，無有是處。一切
眾生，違佛語故，所以輪轉三途，備嬰眾苦。若如佛語，都無
休息，勤於諸法，如救頭然。勿使一生，無所得也。」

　　人生在世，即或一生富貴長壽，即或一生順利平安，但終究是無法
常住於世間，且色身是分分秒秒正在衰退中，此是無有任何人得以避免
的。如是的心有戚戚焉，大抵只要年近四十，則或多或少是有些體驗
的。想想：難道自己的一生，就將如是地逐步踏上渺茫不知的未來嗎！

　　思慮至此，則將發現，幸有諸佛菩薩的教語傳世，為人間豎立明
燈，為眾生指引方向，此誠然是眾生的大幸，更是諸佛菩薩的悲心無
量。佛聖菩薩是再來人，其典範就是世間塵民的最佳示導，眾生只要能
放棄自己的知見，勤於佛聖教導的聞思與修行，則即或色身終歸灰飛湮
滅，但其精神將與無生同壽。

　　有關三途（畜生、餓鬼、地獄）的景況，但凡多數人或以為這只是
一種虛構的描繪而已。然若能細心觀察，則將發現三途就正在眼前上演
著，例如：人的行為一旦違反道義倫常，則可謂是禽獸不如。又觀於現
今的全世界，深受飢饉、刀兵、疾疫等苦難，此即是餓鬼與地獄的現
況，遭逢此時，唯有更為謹慎、謙卑的修行，除此，無有他法。

三、懺悔：慚愧懺悔、願乞除滅的捨凡入聖行

無執無著才能自在無礙無縛

> 「在凡謂之縛，在聖謂之解。縛即是三業所起之惡，解即是三業無礙之善。一切聖人，安心斯在，神智方便，無量法門，明了眾生善惡之業。能以一身，作無量身。能以一形，種種變現。能促一劫，以為一日。能延一日，以為一劫。」

對於人生的短促，大抵年過中歲即或多或少有所感觸，因此，對於無常的到來，在心態上亦已略有所備。顯然，對於生命的有限，是多數眾生的見地。然如諸佛的慈示：「能促一劫，以為一日。能延一日，以為一劫。」對於時間的觀念，在現今的世界裡，是有其一定的規範準則，且在分秒必爭的當下，往往略差些微秒數，則勝負已然分判，此是現實的環境所使然。或許因於如是的時間觀，以致，生命的時間，大抵是：一天二十四小時，全世界平均人壽現約為七十歲。

然佛聖菩薩的生命時間觀，顯然，是對現實環境時空間的一種突破，要言之，一劫與一日，或是遠與近，亦皆只是一種暫時的現象而已。若能心無罣礙持續精進努力，則一劫之長亦彷彿一日之短暫，同理，亦可將一日之精進，化成為永恒的一劫皆然如是。此中最重要的關鍵，是在於心境的無礙自在，實然並非是時間長短的問題。佛聖的境

界，學人當要用心精進以修習之，若先妄加疑惑不信，則將永無可能。

罪從因緣生，亦從因緣滅

> 「若欲捨凡入聖者，當依佛語，如教修行。莫辭小苦，生懶惰
> 心，宜自努力，懺悔滅罪。經言：罪從因緣生，亦從因緣滅。
> 既未免於凡類，觸向多迷，自非資以懺悔，無由出離。相與今
> 日，起勇猛心，發懺悔意。」

人生不論是富貴貧窮，亦或是窮通壽夭，如是的果報雖各有不同，但一切總不離於「種如是之因，得如是之果」的法則。以是，處於逆境者，自當深刻懺悔並積極修善；然若是處於順境者，實然更要懺悔與修善。對於身處順境者而言，正因於得之甚易且處處順心，以致，反容易養成傲慢與輕視他人之心，若如是者，則本是因於善業所形成的富貴，將消解得甚為快速，且一朝福報用盡，則惡業惡報必將現前，故不得不謹慎。凡具有智慧者，更宜在富貴之中修富貴道，若能將所擁有的財物資源，布施於貧窮弱勢者，如是的惜福與造福，才是永保富貴之道，能如是以行，誠可謂是真明白人。

同理，造罪之人，不應氣餒與放棄，更宜積極努力以求懺悔滅罪之方。正所謂：擒賊先擒王，心為身之王，為人最需用功處，即是在起心動念的當下即有所覺察，凡所起是違反良心善念，則必仰賴諸佛菩薩的願力以制伏之，此中，念佛是一最方便的善法，其不受任何時空間的限制，若第一念是惡念，則第二念將其轉為佛號，莫生懈怠與懶惰，時間將證明一切。

懺悔是反轉業力牽引的第一步

「自從無始以來，至於今日。無明所覆，愛使所纏，瞋恚所縛，墮在愚網。經歷三界。備涉六道，沉輪苦海，不能自拔。不識往業，過去因緣。或自破淨命，破他淨命。自破淨戒，破他淨戒。如是罪惡，無量無邊。今日慚愧懺悔，願乞除滅。」

為人最根本之所在，就是對於自身真性的肯認，若能確認自性是本來面目，是原本真實的自己，則凡眼前因於各種外境而衍生的貪瞋癡慢疑等，亦皆只是一種暫時的現象而已，要言之，貪瞋癡既非是本來面目，故其將是可以被去除的。顯然，為人或提升、或沉淪，其關鍵則在面對外境的當下，其所採取的心態與行為，如是終將決定未來的苦與樂。

人在生死的輪迴中，出入已不知數百千劫，故人亦將深受累劫前世的業力牽引，此顯然是甚有其道理之存在。以是，任何剛出生的嬰兒，雖表面看似皆如是的清純，但仔細觀察，各各之間的習氣已然有所不同。

為人的當生，雖受前世業力的牽引，但扭轉的關鍵亦在眼前的當世，故即或是無始無明的牽纏，但自身的自性自度才是最為重要的。要言之，即或有善知識的引導，若自身無法發起精進改過的心行，即或是佛聖菩薩再來，亦無法改變自身的習氣。若於無量無邊的罪業，能興起慚愧懺悔之心，則終將有動搖洗淨之期。

保持本心以觀一切外境

「又復無始以來，至於今日。依於六根，行於六識，取於六
塵。眼著色、耳著聲、鼻著香、舌著味、身著細滑、意著法
塵，起種種業，乃至開八萬四千塵勞。如是罪惡，無量無邊，
今日懺悔，願乞除滅。」

六根相應於六塵，是覺性的表現，例如：眼可見不同的顏色，唯不
論所見黃或紅，於覺性而言，只是黃或紅的覺知而已，此中，並無有喜
或厭的動念，為人若能保持如是的第一本心，就是一位明覺之人。然為
人大多在眼見色的當下，依於往昔所具有的經驗，以是，本只是見色而
已，卻因之而產生第二念的貪戀或瞋恚，於是，每一動念，就更加深本
已深固的習氣，如是的因緣一再地加深之，終至難以回復本來的清淨本
心。

世俗有言：「仇人見面，分外眼紅」，如是的語句，可謂說盡習氣的
加重與難以挽回的局面。若於每個當下，與一切的人事物相面對之時，
亦皆保持第一本心本念，此即是佛聖菩薩的心行。顯然，典範是可以被
仿效的，但若不能發起勇猛之心，徹底發現自身的問題所在，則為人終
將在根塵識中而輪迴不已，今日如是，明日則只會更為變本加厲。如何
能不以意識心為主導，則由六根所相應的一切外境，亦只是清清楚楚、
明明白白的呈現而已，而自我內心卻又如是的安然自在，此正是用功之
所在。

由包容趣向平等

「又復無始以來，至於今日。依身口意，行不平等。但知有我
身，不知有他身。以不平等故，起彼我心，生怨親想，所以怨
對遍於六道。如是等罪，無量無邊，今日懺悔，願乞除滅。」

　　為人若不能接受佛聖的教導，大抵皆在自我意識之中而思與行，以
致，凡所面對的一切人事物中，首先考量的就是自身的利益，要言之，
一旦有違於私利，則衝突與對立自不可避免，而更甚者則是結下難解的
冤仇。當私我的觀念越是強烈之時，則即或是親如父子、兄弟等，亦能
對簿公堂，此誠然是人間最大的悲哀。試想：人生最多不過百年而已，
若是處處與人為敵，如是即使擁有全世界，其內心因自私與所帶來的恐
懼難安，終將成為心靈的最貧窮者。

　　人最大的盲點，就是以自身的小利為主，忘卻我們所處的世界，是
一共同互成互助的世界。試想：若無有其他的生命體存在，實然是無有
個己的存在可能。若再深觀之：則任何大自然的一花一草，乃至一沙一
石，皆是提供個己生命的養分，要言之，若無有外在的一切生命體，則
個己亦然無法存活。故佛聖的教導，則是要引導眾生，能先立足於萬物
同體的觀念上，並以此來開闊自己的心胸，由包容萬物萬類，再提升至
視萬物萬類與我平等，若真能如是而行者，其所建立的生命觀與人生價
值觀，則將不凡。

四、發菩提心：仰學菩薩以發菩提心

 利他之心的建立與力行

> 「應仰學菩薩，修行直道，功德智慧，由之而生。所以諸佛，
> 每歎發心是道場，能辦事故。唯願大眾，各堅其志，莫以年
> 命，待時漏盡。勿令空去，後悔無益。宜當努力，發菩提心。
> 菩提心者，即是佛心。功德智慧，不可格量。」

先以個人的家庭為論，一個家庭的幸福與否，無法單靠一人努力以
得，必須仰賴全體的家庭成員，有共同的認知與向心力，願團結合心促
成家庭的幸福美滿。

同理，若要全世界能美好，則必須人人皆發菩提心，所謂菩提心就
是利益眾生的心，此是一位菩薩行者的必然發心，故力行學習菩薩的精
神，誠可謂是人生的大事。

惟對於大多數之人而言，若能工作至退休年限，若能養育子女至成
年獨立，於人生的任務則大抵亦多已完盡。然此時，若僅是抱持著遊山
玩水或隨意度日的心態時，則將如經文所示：「莫以年命，待時漏盡。
勿令空去，後悔無益。」誠然，人的生理生命是有其限制，是無法過於
勉強。然若能保有積極參與社會志工的心行，則將勝於悠悠度日而已，
此中，是有其截然不同的心境。

如世俗所言：「不經一事，不長一智。」人生唯有在純然的利他之

中，於此，只有自己的真誠付出且不求回報，而如是的過程，才能感得人生最美好的心境，然如是的滋味，同行者自能明知。

繫念無量法界的廣大心量

> 「同業大眾，發菩提心。必須起想，先緣所親，繫念之時。念己父母師長眷屬，又念地獄餓鬼畜生，又念諸天諸仙一切善神，又念人道，一切人類，有受苦者，當云何救？見已起想，應發是念。唯有大心，能拔彼苦。」

綜觀為人的一生，因於各自不同的環境，以是，造成不同的人生樣貌。然細思其間的根本差異，實然就是思想觀念所致。要言之，因於不同的思想，故產生截然不同的生命型態。且觀歷代的佛聖菩薩，正因其所思所行是立於為廣大的眾生為目標，且一生不疲不厭，以是其所成就自與眾不同，不但造福當代更為後世所敬重，其所具有的影響力將無可估量。

對於佛門而論，因於法界無量，以是，所謂的發心利益眾生，則不僅止於人道眾生而已，更甚而包括一切天界乃至三塗苦的眾生。想來：唯有如是的發心才能對所處一切人事物有真實的利益。學人若能細思則知：當在全世界如是緊密的相連在一起時，當環境對人已然產生不可分割的關係時，顯然，人是無法獨立於自我的法界而已。

當人的觀念層次能提升至無量法界時，則自身的所思、所言與所行，皆然將對不同法界造成一定的影響，當為人有如是的醒覺之心，或許才有可能將人的自私自利之心去捨，若能至此境地，則佛國淨土將實然在眼前示現。

發心的相續與不退轉

「發菩提心，應當如是，不捨於苦而度眾生。相與人人，等一
痛切。五體投地，心念口言，作是誓願。從今日去，乃至道
場。於其中間，在所生處，恒值善知識，發無上菩提之心。若
處三塗，及墮八難，常使憶念發菩提心。令菩提心相續不
斷。」

對於一般人而言，當自身的學習能力具有某一程度時，大抵皆有想
利益他人之心，然如是的發心，又往往經不起人事環境的考驗，通常是
極其容易的退轉下來。想想：還是先照顧好自己吧！尤其在現今的時代
裡，因於網路資訊的發達，也或是因於物質環境的充足，於是，出現所
謂的宅神，或所謂的啃老。且觀其年紀實然不大，但可以自我封閉在某
一空間中，可以不外出工作，而日常飲食等一切開銷，亦不需費心煩
惱，如是一段時日後，即或父母逼其要獨立出去，其已然失去工作動
力，由如是所延伸的社會問題，是現今甚多的家庭問題。

當為人失去應行的動力之時，如是所衍生的問題將會層出不窮。以
是，佛門一再地強調發菩提心，唯於佛門而言，所謂的發菩提心，實然
是意指對一切廣大眾生的同理心，是一種感同身受不忍眾生苦的心，且
其範圍是遍至無量法界，乃至地獄道的眾生等。學人當先由對家庭、學
校、社會，乃至所處環境生態的尊重與愛護，以是而保持菩提心的相續
不斷。

祈請諸佛菩薩現為我證

「從今已去，乃至道場，行菩薩道，誓不退還。恒作度脫眾生心，恒作安立眾生心，恒作覆護眾生心。眾生不得佛者，誓不先取正覺。仰願十方一切諸佛，大地菩薩，一切聖賢，現為我證。令一切行願，皆悉成就。」

人人本具純善的本性，以是，人人當可成為善人乃至賢人、佛聖。唯一般人在善知識的引領之下，亦大抵皆有自度度人之心，然當行於人生的漫漫長路之上時，或因於各種外緣的人事與環境，將本充滿熱誠而發的菩提心，又極容易逐漸地萌生退轉之念。以是，為確保菩提心的相續不斷，故諸佛菩薩所發的菩提心當可成為學人們的榜樣與典範。

如經文：「眾生不得佛者，誓不先取正覺。」如是的心量，是眾生所望塵莫及的，然亦唯有如是的發心，才能真實促使自身立於永不退轉的境地。在因果的定律之下，行於善行，將得善果，此是必然。唯在享福的當下，若不能有高度的警覺心，實然亦將在享福的過程中，興造甚多的惡業，以是，由福轉禍的事實現象將可被預知。

以是，諸佛菩薩其所發的廣大心，是當一切眾生皆然成就佛道，自己最後才取正覺，要言之，即或因於修行所帶來的福報，實然不敢亦不願獨享，將廣布與一切眾生共享之，於己，但存利他之心而已。想來：唯有如是的發心，才是真發菩提心。

但求利他、不求回報的出世行果

「設使歷劫，行多種善。乃得人天華報，未得出世實果。壽終
福盡，還墮惡趣，身壞苦逼，不能自免。若非立弘誓願，發廣
大心，無由百福莊嚴，離諸衰惱。相與今日，唯當一心一意，
緣念諸佛，起堅固志，發菩提心。」

佛法的殊勝，若不能細心覺之於心，亦或可能僅止於善因善果的循
環之中。即或得有人天福報，一旦天福享盡，終將再度輪轉於六道之
中，如是的一生一死自當難以免之。故佛以一大事因緣為眾生所開示
的，實然就是如何才能真實究竟解脫生死相續的問題。想來：唯有如諸
佛所得的出世實果，才能真究竟之。

唯於學人而言，所謂的出世行、出世果，又當如何理解與把握並力
行之。此中，第一關鍵在保有一顆利他之心，為求能利他，則自身所有
的身口意行，乃至一舉一動，甚或所具有的一切能力、智慧、福報等，
自當積極以求圓滿，故實然無有身心不健康而能利益他人的，亦無有滿
身貪瞋癡而能帶給他人快樂的，要言之，唯將自身所擁有一切與眾生共
享、共成，自心永不疲厭、不退轉，如是的堅固心志，如是的恒念一切
眾生，即是出世行。當自身不落於善惡的對待之中，才有超越善惡循環
的可能，以是，所謂出世，就是對世法的一種淨化，依如是之行其所得
之果，即是出世果。

五、發願：發心憶念相隨不斷，供養護持
皆悉滿足

發心與憶念的兩相隨

> 「願以不思議力，同加覆護。令所有誓願，皆悉成就。在所生
> 處，常不忘失。究竟無上菩提，成等正覺。從今日去，願生生
> 世世，在在處處，常得憶念，發菩提心。令菩提心，相續不
> 斷。」

　　世俗有言：「要立志常，不要常立志。」要言之，所謂立志發願，
除是一種對於未來方向的肯認之外，更是力行決心的展現。對於常人而
言，人生最感徬徨的就是前途一片茫茫，如是無有目標與使命的生活，
即或得以衣食無缺，但卻極易產生另一無明之愁。顯然，為人一旦失卻
理想與奮鬥的動力，則生命與生活亦將缺乏光彩與亮度。

　　佛門以發菩提心為最大的立願，唯在無量劫的生命歷程中，如何才
能永不忘失初發菩提心的本衷呢！顯然，唯有是發自於內心深處的真
願，是因於在深觀之下，不忍眾生苦而所興發出來的。要言之，所謂的
發心，若僅是一時的同情心而已，亦或是在旁人的鼓吹之下而起，則如
是的發心，亦將在種種外緣的變動中而即容易消失殆盡。

　　人是有「隔陰之迷」的，一旦轉換個身體，大抵無法記憶前世之
事，更何況是立廣度眾生的大願呢！此中，唯有一辦法，即是在現前的

當下，能時時、處處力行菩提心願，以至，即或臨命終時，亦心心念念
在此憶想上，當如是的種子深刻地印入於意識田中，則必將有其可能。

供養與護持皆悉滿足

「從今日去，願生生世世，在在處處，常得奉事，無量無邊，
一切諸佛，常得供養。供養眾具，皆悉滿足。從今日去，願生
生世世，在在處處，常得護持，大乘方等，一切諸經，供養眾
具，皆悉滿足。」

綜觀所有剛出生的嬰兒，看似個個皆是白紙一般，然若再仔細觀察
之，實然是個個仍有其不同的地方。此於科學而言，就是所謂基因的不
同，但決定基因的重要關鍵，就是過去世的業因果報。以是而知：人是
有過去世的，此為當然。同理，人亦將有未來世的，此亦是可以推知
的。常人多以為：未來難測，然未來的狀況實然就決定在眼前身口意的
行為上。

為人若想多得他人之助，唯一的辦法就是盡心全力地幫助他人。一
切眾生都將是未來佛，以是而知：能承事奉養一切的眾生，實然就是承
事奉養諸佛菩薩。唯此中的困難之所在，乃因於眾生執著外相，無法將
眼前與自己有深緣的眾生，視同為諸佛菩薩，以是，總想好高騖遠，總
想攀緣逐境，故通常極容易錯失眼前可成就自身道業與德業的種種因
緣。

學人或可從中力行：除恭敬禮拜寺院的佛菩薩聖像之外，更宜真誠
善待自己的父母，為其備妥一切的生活用具。除與志工群的道兄弟姊妹
保持良好的關係，更宜寬仁大量以待自己的家親眷屬等。亦唯有由裡而

外、由近而遠，如是才可謂真修實行。

見我即得解脫的實證

> 「願承諸佛，諸大菩薩，一切賢聖，大慈悲力：令所發誓願，
> 所生之處，隨心自在。從今日去，又願生生世世，在在處處，
> 若有眾生，見我色身，即得解脫。一切苦緣，變為樂具。令諸
> 眾生六根清淨，身心安樂。」

人生可以說就是一場不斷學習的歷程，當在觀看他人之時，實然就是在反照自己。或許可先由社會新聞說起：往往因於某一人、某一事，導致社會付出甚大的成本，要言之，因於一人的不善之行，其所帶來的恐慌與不安，將是難以估量的。反之，亦有因於一人以及其所帶動的整個團體，為社會注入無限的正向與希望。觀此兩者的差距，誠可謂是天淵之別。

為人的一生，皆是甚為短暫的，且無常的來到卻又無法預知。想來：在如是短暫的一生中，若一切的行事是於己不利，且又傷害他人，如是的人生，實然毫無意義。反之，若所到之處，皆能令眾生得益且產生歡喜心，如是地利己又利人，當該積極力行之。

如經文所示：「若有眾生，見我色身，即得解脫。一切苦緣，變為樂具。」此誠非僅是一種思想理論而已，實然是可以力行的。只要能發心，於所在的家庭、學校乃至工作等地方，當在自身尚有多餘之心力時，肯為他人或團體多付出一些些，且不與他人有過多的計較與爭執，只要時日一久，將可獲得認同與稱許。

你得即我得的和合慈悲

「從今日去，願生生世世，在在處處，於一切眾生，無有與奪
之心，無有怨親之想，斷三毒根。離我我所，信樂大法。等行
慈悲，一切和合，猶如聖眾。」

且觀社會是如此地不平靜，日日皆有不善的事情產生，然此中最大
癥結之所在，實然就在自身的貪心上。佛門總列有貪瞋癡的三毒煩惱，
此中又以貪為首，因於貪不著，故起瞋與癡。要言之，為人首要去除的
就是「與奪之心」，當觀得他人擁有，而自身卻缺乏時，往往嫉妒與瞋
恨之心就興起，此時，若不能有智慧的觀照，於是，由之所延伸的各種
不善之行，亦將一一浮現出來，且往往是一發而不可收拾。

為人若不能得聞佛聖之教，以觀得眾生與我同為一體，他得即我
得，他失即我失，一旦在物欲戰勝理性之時，則六道輪迴之路終將難以
逃脫。世俗有言：「當局者迷」，往往在觀看他人的糾紛時，旁人有時是
難以理解的，且僅多是搖頭而已。顯然，若能以不同角度冷靜觀待之，
實然將可減少甚多的社會紛擾。

為人一旦養成自私自利與只進不出的心態，且又加上無法控制的欲
求情緒，一心只想著佔有與奪取，唯當滿足於所得的人事物之後，往往
所帶來的是更為欲求不滿的空虛之心而已。故佛聖的教導即在於：唯有
能平等慈悲以待於一切大眾，才能真實獲得輕安自在的和合互協。

廣施四生六道的心量

「以今懺悔發願，功德因緣：願四生六道，從今日去，至於菩
提。行菩薩道，無有疲厭。財法二施，無有窮盡。智慧方便，
所作不空。隨根應病，授以法藥。一切見聞，同得解脫。」

　　為人心量若能廣大，則其所思與所行必將不同，以是，佛門特強調
發願的重要性。試想此生當中，凡與人有所衝突，其關鍵點大抵因於利
益遭受到威脅，在以護衛自身的利益為前提之下，於是，或依循法律制
度，或採取不當手段等，總之，在以自利為主的思慮中，則亦將合理化
一切的行為。

　　當一切的出發點皆是依於利益為考量時，則個人、家庭、社會乃至
國家、世界，實然將無有安寧的一日。以是，若不能於自身如是偏窄的
心量，有所深度地反省與懺悔，則如諸佛菩薩廣施一切四生六道的心
量，終將是遙不可及。顯然，懺悔與發願是一非二，唯有真正發現自身
的問題，且能深下功夫徹底改之，則將只待時日的因緣，果實自可成
之。

　　修行是無法一步登天的，只因於習氣的養成亦非一朝一夕之故，以
是，改變的過程必將一步一腳印。在每個不如意的當下，若先能反身懺
悔，此乃是改變因緣的第一步；若無法如是，則即或發廣大願，亦將在
習氣難以去除之下，一切亦將成為空願。學人可先由心量開始養成，且
將範圍思維至不同的法界，長久如是，或將有不同的見地。

六、發迴向心：普皆迴向一切眾生，回歸本然

普皆迴向於共善的未來

「願過去已起一切善業，現前所起一切善業，乃至未來當起一
切善業。若多若少，若輕若重，悉以迴施四生六道，一切眾
生。令諸眾生，皆得道心。不向二乘，不向三有，同共迴向無
上菩提。」

所謂迴向，乃是立於凡一切法界皆同為一體之上，故所行一切自可
迴向之。顯然，法界即或有所不同，實然並不礙於同為本源的立足點。
要言之，若其他法界不安，則自身所處的法界，亦將無法真實獲得安然
自在。以是，諸佛菩薩的廣大心量，無一不涉及至四生六道的一切眾
生。

在現前的全世界裡，人與環境、生態的關係，其緊密度已然備受人
們的關心，因此，即或全人類正面臨疫病、氣候等問題，但若人類能在
如是的環境中有所覺醒與行動，則未來或將可被預期。

當新聞一再地出現：某種動植物的逐漸消失與頻臨滅絕時，人類實
然亦心有戚戚焉，人類已然自覺不能無視於空氣污染、海洋垃圾乃至各
種貿易或文化的戰爭等問題時，亦顯可得知，諸佛菩薩的迴向一切眾

生，實然就是真理。當人人皆能自覺個己的小小行為，終將對環境帶來甚大的影響，則即或是一個善念，乃至生活中撿起一小片垃圾，減少使用一次性的容器等。當敬天、愛地、惜物的觀念成為生活的一部分，則人類與環境已然成為一體，此則可謂是真迴向。

回歸本處的自在無礙

> 「又願所生父母，歷劫親緣。從今日去，至於道場。散形空界，如無邊身。具十功德，如高貴德王。聞法歡喜，猶如無畏。神力勇猛，如大勢至。」

若真能相信人是有無量世的，則為人的眼光亦將有所不同。要言之，為人不應只在意眼前的一些小利益，以致忘卻其背後所將帶來的影響性。亦可言：為人若有前因後果的觀念，則每一小小的心念乃至行為，皆將更為謹慎以對。為人既有無量世，則必有無量世的父母，唯當一世因緣結束之後，所生父母又到底何投何方呢？此誠可謂是真正的人生大事。於父母是如此，於自身亦是如此，於一切家親眷屬乃至一切生命體皆然如是。

如經文所示：誠願所生父母，能「散形空界，如無邊身。」此乃立於以能回歸先天本來面目為最終的目標，而不是再一次地隨業流轉於六道輪迴之中。即或再一次地依於眾生有感而示現於法界，亦是乘願而來，具足智慧、德能與福報莊嚴，若是一世的化緣已盡，則將自在地返歸本處。

誠願父母是如此，實然亦是自身大願。試想：在人世與父母的因緣，若不能由親緣提升至法緣、佛緣，則不論與父母之緣的深或淺，將

總是令人多所費心的。唯有父母與自身皆然可以回歸本處，彼此自在無礙，否則，將如世俗之言：「冤從親起」，仔細思之：誠然有其深理。

互為學習上的法眷屬

「又願我等，同學眷屬，上中下座，一切知識。從今日去，至於道場。各得無畏，如師子王。影響大化，猶如寶積。聞聲濟苦，如觀世音。善能諮問，如大迦葉。相貌端嚴，猶如文殊。」

且觀得現今的社會，人與人、家與家、國與國，總是紛爭不斷。當社會新聞出現父子、兄弟對簿公堂的事件層出不窮時，當人們漸漸習慣接收如是的訊息，於是，或將視如是的對立態度為司空見慣，則人類的未來實然令人堪憂。然諸佛菩薩的大願，就是要將如是的現象得以扭轉之。

為人最先接觸的除是父母、兄弟之外，其次就是師長、同學等。既能成為學習上的良師益友，如是的情誼不可謂不深厚。唯更願如是的情緣，是創造彼此互為增長的能量作用，於是，如何彼此提攜、互相勉勵，成為學習上的法眷屬，則如是的恩義將是生生世世。

人最難降伏的就是嫉妒與傲慢之心，以是，常見到的是：雖是同學或工作伙伴，一旦利益現前，則你爭我奪，反之；若有過失，則互為推卸責任，於是，將本可以互為增上的善因緣，卻在各種私心的作祟之下而蕩然無存，甚至結下深仇大恨，想來：不但可悲，更是不智。顯然，為人唯有能開闊自己的心量，才有真實利益他人與自己的可能，否則，一切只在乎自己所能擁有的，如是即或賺得全世界，亦將感到匱乏與不

安。

心無愛染的大願心行

> 「又願十方一切怨親，及非怨親，四生六道，一切眾生，各及
> 眷屬。從今日去，至於道場。心無愛染，如離意女。微妙巧
> 說，如勝鬘夫人。能行精進，如釋迦文。所有善願，等無量
> 壽。」

　　或許是為人的習氣使然，大抵人皆有其自私的一面，且如是的心態
若不能有所節制與改變，則將只會變本加厲。以是，再反觀所有的諸佛
菩薩，其總是發廣大願：若眾生業不盡，眾生煩惱不盡，則我願亦將不
盡。顯然，如是的大願，誠非只是一種看似渺茫無有窮盡的未來。若仔
細深思之：正因於如是的立於但為他人著想之心，才能真實促使自己拔
除累劫以來的無明妄想，亦唯有如是大願，才能真實利於廣大眾生而無
有愛染執著。

　　對於一般多數的人而言，大抵喜歡安逸而討厭勞苦，以是，即或得
聞諸佛菩薩的廣大願，亦多難以入心，或多以為彷彿與己無關。然諸佛
菩薩的大願，實然就是為眾生而發，亦可言：以諸佛菩薩的大願為引
領，則一切眾生隨之即可臻至諸佛菩薩的心境。

　　人要改變習慣甚為不易，若不能下定決定，且力行不懈，是極容易
在各種人事環境中而萌生退轉心念。以是，學人當精進努力如諸佛菩薩
的大行，如：於身不犯威儀，於口不譏他過，於意清淨無染等。亦唯有
在力行中，才能漸入諸佛菩薩的大願境地裡，此中是無有任何可以僥倖
的成分。

大願堅固才能超然自在

「仰願十方，盡虛空界，無量無邊諸佛，諸大菩薩，一切賢
聖。以慈悲心，同加攝受。救護拯接，所願圓滿。信心堅固，
德業日遠。慈育四生，等如一子。令諸眾生，得無量心，六波
羅蜜。一切行願，畢竟成就。等與如來，具登正覺。」

當深入各經藏中，當深觀諸佛菩薩所發的大願，其心量的廣大無
邊，其願力的堅定不移，其所觀與所行恒為各法界諸眾生，除令人肅然
起敬與讚嘆不已外，更能反觀自身的眼界短視與心量窄小。學人若能多
得修習如是的大願心量，當時日漸久或可印入於深層意識中，並化成自
身的思想與行為，此無疑是人生最高的享受。

人生之所以多感到煩惱與痛苦，大抵多與自身的思想觀念有密切的
關係，且一旦將時間與精神耗損於自身所及的人事糾葛中，則無邊的煩
勞亦將逐步而起。以是，即或現今稱為已開發的國家，其各種的文明
病，如：憂鬱、躁鬱乃至失眠等問題卻層出不窮，且為治癒如是的症
狀，於是，開發更多的新藥，或許是有些微的表面效果，但問題仍無法
得到究竟的改善。且再加上全世界疫病的外緣等各種因素之下，苦惱的
人們幾乎快要無路可逃了。於此之際，若能以諸佛菩薩的大願心量為效
法與學習的榜樣，逐步化小為大，或當可於如是的境緣中而得以超然自
在。

七、顯果報：同業相感的善惡兩輪轉，
吉凶禍福皆由心作

隨業流轉的相感相應

「以過患故，乖於勝業。以不善業，所以墜墮三塗，備歷惡
趣。及生人間，受諸苦報，皆由過去宿對因緣。捨身受身，無
暫停息。是以諸佛，諸大菩薩，神通天眼，見三界內，一切眾
生，福盡隨業，墮於苦處。」

一般人或許不太願意相信佛門所言的「三世因果」，唯談論因果，
並非是一種消極或無奈的意思，其重點是在如何轉變以及所再加入的各
種作為，要言之，即或是已然發生且擺在眼前的事實真相，此即是果報
的顯現，但亦不是因此即放棄而不願面對與處理。此時，若能在此事件
中得到教訓，即或是必須接受法律的制裁，甚至因此而遭處極刑，於此
當下，自身以及所參與其間的任何人，其每一個思想觀念，其每一個處
理過程的細節等，皆將對未來結果注入改變的因緣。

人們不願談論因果，但當前的世界就是一因果呈現的現象，以是，
即或發生極大規模的疫病，佛門稱為「共業」，但各別區域仍有程度不
同的影響，此即是「別業」。當觀察共業中的別業，則將更能相信：對
於每個環節處理過程的不同，其所呈現的結果自然不同，此即是業因果
報。

　　諸佛菩薩為眾生開演業因果報之論，其重點是要眾生能「慎諸因果，謹言慎行」，要言之，對於一切的人事時地物皆要能慎重再思，唯有如此，才有可能創造真實美好的未來。

善惡兩輪的果報連環

　　「大眾當知：善惡兩輪，未曾暫輟。果報連環，初無休息。貧富貴賤，隨行所生。非有無因，而妄招果。所以經言：為人豪貴，國王長者，從禮事三寶中來。為人大富，從布施中來。為人長壽，從持戒中來。為人端正，從忍辱中來。為人勤修，無有懈怠，從精進中來。為人才明遠達，從智慧中來。」

　　有因必有果，以因知果，由果推因，此於現象的世界亦確然如是。即以栽種水果為論：如何揀擇好的種子，以植入優良的土地，於果樹成長的過程中，任何雨水、陽光、溫溼度等因緣條件，乃至其中是否遭遇天災、蟲災等，皆將對果樹產生一定的影響，此即是因果。當人們正在品嘗美味的水果時，此即是因果的呈現，至此，若仍堅持不願相信有因果的事實，或將如諸經所言，一切也只能以待來時之因緣罷了。

　　人們總是羨慕他人的富貴、聰明乃至相好、長壽等，然此中確然是有其不同的因緣。即以身體健康而論：不同的飲食習慣、生活作息乃至規律的運動等，皆將帶來不同的狀態。即以壽命而論，有些特殊的區域，有「長壽村」之稱，若仔細觀察研究，大抵與其所處的大自然環境是有其密切的關係。同理，當身體出現警訊時，若能於此改變原有的不良種種習慣，再加上醫藥的輔助，則其結果亦將不同，此即是因於加入不同的條件，所產生不同的結果，此即是因果。

吉凶禍福皆由心作

「經言：莫輕小善，以為無福。水滴雖微，漸盈大器。小善不
積，無以成聖。莫輕小惡，以為無罪。小惡所積，足以滅身。
大眾當知：吉凶禍福，皆由心作。若不作因，亦不得果。殃積
罪大，肉眼不見。諸佛所說，誰敢不信？」

常人大多在事情發生時，才感到驚恐與害怕，於此看似不善之事，
但亦是改變的契機，故有言：「危機就是轉機」，此誠然如是。人們因於
生活的困頓、生計的不易，以是大多努力於開源與節流，並戰戰兢兢地
工作，當時日一久，則將發現於生活與工作等各方面，似乎已漸入佳
境。反之，若生活過於富裕，甚且仰賴父母而不須工作，然如是的經過
十數年，一旦習染成性，一旦家道不如前時，自身又已然喪失各方面本
該具備的訓練與能力，則其未來人生的景況亦著實令人堪憂。

顯然，所謂的吉與凶、禍與福，實然皆是不定的，一切的關鍵在自
身之上。世俗有：點滴穿石、鐵杵磨成繡花針，以此論說「積」的重要
性。只要有恒心、耐力，本看似些微的善小或惡小，終將成為未來的大
善與大惡，故佛聖強調：見微知著，此中的微就是自身的起心動念。常
人多以為，起一小小的心念，別人亦無所覺且又看不到，然自身卻是明
明白白、清清楚楚，若於不善之念能當下制止之，亦或是加以逐步計畫
而行，此兩者的結果將有天淵之別，不得不慎之。

殷勤真誠的懺與悔

> 「經云：懺悔則無罪不滅。夫至懺悔之時，必須五體投地，如大山崩。乃至不惜身命，為滅罪故，殷勤督勵。相與覺察，今生已來，曾經幾過，作此忿責，不惜身命，捍勞忍苦，作此懺悔。」

世俗有言：「人非聖賢，孰能無過。過而能改，善莫大焉。」雖言，凡人皆有其錯過罪，然此中仍有輕重等問題，以是，即或是現今講求民主、人權的時代裡，尚有甚多區域仍保留死刑，於此，並非是要爭辯死刑存廢等問題。顯然，唯有能先接受佛聖乃至父母、師長等教誨才是重要關鍵，否則，一旦違犯連法律皆無法饒恕之時，往往為時已晚矣！

試想：每個剛出生的嬰兒，皆如同白紙般，唯隨著年歲的增長，其所接受來自於各方面的人事環境等訊息，皆將影響著其思想、言語與行為。以是，如何營造正向良善的各種環境，才是一切的根本之道。

唯佛聖菩薩為眾生開一方便之門，就是懺悔法門，然所謂懺悔，其重點除能表白自己所犯的過失，此為懺，更重要的是過而能改，且不再重複違犯，此才是真正的悔。要言之，若只能懺卻無法徹底改過，實然是無法稱為懺悔。故如同經文所示：「不惜身命，為滅罪故，殷勤督勵。」凡真心想改變自己不良的習氣，實然是必要有大決心與堅強的意志力，否則，一旦稍有鬆懈又將重新再來過。

善法因於精進不放逸中求

「暫時旋繞，便生厭倦。暫時禮拜，已言氣力不堪。或暫端
坐，復言應須消息。或言四體不可過勞，宜應將養，不可使
困。一伸腳眠，差如小死。且經教所明：未見一善，從懶惰懈
怠中生。無有一法，從憍慢自恣中得。」

　　修身養性之所以感到困難，要言之唯在一關鍵，即無法深下苦功
夫。試想：個人習氣的養成是日積月累所致，若要改之，也必須在精進
不懈之中才能產生效果。此中，只要稍有遲疑，或有疲累之心，乃至總
待明日再說吧！凡如是種種，皆終將是功虧一簣，習氣依然不動如山，
而自身亦將在煩惱無明的牽引中而又如是地度過一生。

　　一切習慣都是養成的，不論是善的或惡的，以是，真正的關鍵在見
微知著，尤其是不良的習慣，若在起始之初無法即刻制止改正，一旦習
以為常，再想更動調整恐將難上加難，故整個的教育系統，無不以幼兒
教育為第一優先。世俗有言：「末大必折，尾大不掉」，當樹枝的重量過
於龐大則必然斷折，當後面拖著很大的尾巴則將難以去除。此皆在說
明：本看似無關緊要的習氣，一旦漸成氣候，則其所產生的弊病亦將難
以估量。依於經文的明示：無有善法是從懈怠憍慢中生。以是，學人若
有心修行，實然是不能容下任何懈怠的時間與機會，否則，若再走回頭
路，則一切皆已晚矣！

八、出地獄：善惡之報皎然非虛，以知推因驗果、驗果尋因

善惡之報明明顯顯

「今日道場，同業大眾，雖復萬法差品，功用不一。至於明闇相形，唯善與惡。語善，則人天勝果。遂惡，則三塗劇報。二事列世，皎然非虛。而愚惑之者，多起疑異。或言人天是妄造，地獄非真說。」

且觀所可以看得見的萬物萬類，此中已然是無法細數的，但如經文所示：萬物萬類雖各有其不同的形質，且亦各具備不同的作用，然若總體而言，造成差異的主要原因，大抵不離善與惡兩大類而已。要言之，造善則得善果，造惡則得惡果。此於現前的人事之中，或已稍可見之，但亦有並非如是的，於是，或有多數人對於是否有天道乃至地獄的存在，尚有甚多的疑慮。

因於善人理應有善果，但事實似乎並非如是時，若仔細再思之：即或眼前看似尚未出現善果，然如是的方向本為當然，既已行在正確的道路上，其亦必終將到達良善之地。同理，惡人理應有惡果，但眼前卻仍逍遙自在，然細觀之，當多行之惡漸為增多時，其內心的不安與惶恐，亦已是惡果的呈現。

廣勸大眾於善惡之報，實然不應再有疑慮。且觀察自己即可了然明

白。例如：協助老人安然通過馬路，雖看似是一小小的舉動，但內心確是安然的。同理，因於貪小便宜又不遵守規定，在路邊傾倒垃圾，由於擔心被人發現，於是在整個處理的過程中，實然亦早已在懲戒其人了。

善惡在一念一行中

> 「不知推因驗果，不知驗果尋因，既因果不分，各執世解。非
> 但言空談有，乃亦題篇造論。設使示誨，執固益堅。如是等
> 人，自投惡道，如射箭頃，墮在地獄。慈親孝子，不能相
> 救。」

人生最難得的因緣，莫過於父母、兄弟、親屬乃至師長、同事等，如是的因緣會聚已然不知是歷經多少的百千萬劫。唯看似因緣緊密的關係，亦往往是彼此最為恩怨情仇糾葛的情況，以是，如何運用現前當生的因緣，以提升至法親眷屬的道緣、佛緣，唯有如是，才能促使彼此的因緣成為永遠的正面增上，而無有負面的干擾與罣礙。

在現前的世界裡，其中的差異已然不必多言，此即是因果的呈現，要言之，不論信或不信者，是無有任何人可以跳脫得了因果的事實呈現。當面對自以為是的不信因果者，且不論其所興造的理論為何？誠如前人有言：「善者不辯，辯者不善。」此中的關鍵在：事實真理是不必爭辯的，事實真理已然就現現成成在眼前。以是，諸佛菩薩、祖師大德多有：「自覺如來、自性自度」的教示，實然就是要學人於自身上用心，為善或為惡就在自己的一念、一行中。若仍要執無有因果之論者，或自以為造惡無有惡報，如是之人，除不願誠實面對自己的所作所為之外，其掩耳盜鈴的心態，則一切亦只能待其自受後果之後，或亦將有回

頭的機會。

心迷邪即是地獄

「今日道場，同業大眾，善惡相資，猶如影響。罪福異處，宿
豫嚴待。幸各明信，無厝疑心。何謂地獄？經言：三千大千世
界，鐵圍兩山，黑闇之間，謂之地獄。鐵城縱廣，一千六百萬
里……」

有云：「善惡之報，如影隨形。」或當尚無法確信是否有因果存在
之時，實然現前的人事環境等，早已明明白白說明一切。當聽聞更多的
種種事件，當有更多的訊息出現，以是，不論是信或不信有地獄的存
在，此中的關鍵則在個人的深層意識中，早已儲存著一切過去的所言與
所行。由之而顯於外的，就是各有不同的習氣，乃至不同的思想觀念
等。如是日復一日，年復一年不斷地層層堆疊，當在面臨生命最為艱難
的一刻中，則個人所呈現的安然與否，實然亦已說明一切。

所謂的「萬法由心生」、「一切法由心想生」，常人多以為如是的言
論甚是深奧而不易解，但仔細體察，實然就是在說明：任何的一念乃至
一行，皆將成為最後成果的因子之一。以是，即或如同經文論述地獄的
種種景況，對於明覺者而言，其心亦是朗朗的境地。

人的痛苦除來自於身體的疾病之外，通常較大的哀傷多與心理因素
脫離不了關係，此中，又以內心的懊悔最為難熬，為人若能不虧損他
人，即或物質稍略有所不足，實然亦不影響其內心的平靜與安然。

心莫生放逸的勤修善道

> 「今日道場，同業大眾，聞佛世尊，說上諸苦，宜加攝心莫生
> 放逸，相與若復不勤方便，行菩薩道。則於一一地獄，皆有罪
> 分，今日同為現受阿鼻地獄等苦，一切眾生。當受阿鼻地獄等
> 苦，一切眾生。無窮無盡，一切眾生。」

隨著年歲的增長，亦因於人事的歷練更加成熟後，通常會再反思以往的處世態度。即或已達耳順之年，若能一再地自我反省，終將發現對於去年的自己仍有甚多的不滿。顯然，為人若能深刻的自我反思，或才有可能轉變成更美好的明天。

對於大多數人而言，現前種種人事環境的苦，實然多是心有戚戚焉的，然只因一般人多不願全然面對而已，也或許想以追尋各種的玩樂，暫時忘卻眼前的問題而已，如是的心態亦當可了知。然如經文所示：苦果必有其因，當於觀苦之中而「心莫生放逸」，亦唯有誠然面對問題，並思解決與力行之道，才能真實免除煩惱與苦果的輪迴，否則，問題只會漸層加深與加重，終導致更難以處理的窘境。

世俗有言：「沒有最好，只有更好。」因於時空間的不同，總有必須面對與革新之事，此是宇宙的定律，更是人世的必然。沒有任何一事物可以永恒不變，故如何隨之更動提升，於人、於環境、於萬物萬類皆能止於至善，此是為人的本分事，或也是唯一的方法。

仰仗諸佛的加持與救護

「廣及十方，無窮無盡，一切眾生，求哀懺悔。改往修來，不
復為惡。已作之罪，願乞除滅。未作之罪，不敢復造。唯願十
方，一切諸佛，以不思議自在神力，同加救護，哀愍攝受。令
諸眾生，應時解脫，歸依世間，大慈悲父。」

　　若真有心要修正不良的習氣，此僅只是發心的第一步，唯觀察多數
的眾生，即或有意改往修來，但往往半途而廢，其中主要的原因通常來
自於毅力與恒心的不足。又如果所處的環境無法提供增上的助力，則成
功的機率又將更為艱難，例如：戒煙、戒酒、戒賭乃至戒毒等，皆須有
諸多的定力與外緣等因素以促成之。

　　因於眾生的定力不足，且再加上習氣的深染，以是，若能仰仗諸佛
為證，祈求諸佛菩薩的加持，再加上自身的努力與時刻的懺悔等。當在
如是眾多因緣的增助之下，或將得以改正不良的習氣。再由粗厚的習
氣，以漸次觀察到細微的起心動念上，則在時深日久之下，或才有可能
將自我的無明習氣鬆動。以是之故，成佛當歷經三大阿僧祇劫，如是的
時間觀，並非是數字之義，而是其所須耗費的精神與毅力等。除非是已
然成佛，已然是清淨心可以無時無刻的等持著，否則，對於懺悔與祈求
諸佛菩薩的加持，如是的謹慎小心，如是的修行過程，即使是盡形壽亦
終將不可中斷之。

九、解冤釋結：化十惡為正行，遠離怨根，無復讎對

有心為之的覺悟者

「一切眾生，皆有怨對。何以知之？若無怨對，則無惡道。今惡道不休，三塗長沸，是知怨對，無有窮已。經言：一切眾生，悉皆有心，有心者皆得作佛。而諸眾生，心想顛倒，貪著世間，不知出要，建立苦本，長養怨根。」

對於現實世間所處人事環境的期待，一言以蔽之「世界和平安定」，然如是的盼望，於現今多數之人而言，可能僅表面言於口，但內心多持疑惑的心態。顯然，人與人、家與家、國與國之間，充滿太多無法處理的恩怨情仇糾葛，以是，苦多樂少則成為多數之人的感同身受。

且觀各宗學派的覺悟者，其中心主旨一皆不離如何引導眾生離苦得樂，要言之，只要有心為之，則將可如是成為一覺悟之人。然首先要面對的就是近於身邊的一切人事物，當彼此觀念不同，或行事風格乃至價值觀有所差異時，是否因此即劃清界線乃至選擇離開，於此，多數之人或以為不須勉強地造成雙方的痛苦。然若如是為之，則根本問題仍未處理之。

佛法的根本要義，在觀照世間的一切現象，凡眼前所存在的，一皆在遷流變化中，要言之，如是並非是一種消極的無所作為，而是有所作

為之後的了然放下。試想：當一切所聚合的條件不同時，則所需面對的方式亦當不同，若能多些同理心與包容，才能真實化解人事上的種種紛爭。

修行由身口意入手

「依身口意，起十惡行。身殺盜淫，口妄言綺語，兩舌惡罵，意貪瞋癡，自行十惡，教他行十惡，讚歎行十惡法者。復依六情，貪著六塵，乃至廣開八萬四千塵勞門。」

人世間的煩惱，可謂是說也說不盡，每一階段皆有其必須面對的難題，由出生乃至老死皆然如是。唯所謂的生死問題，實然不僅僅是指色身的生與死而已，更重要的是依於煩惱所造成的問題。以是，所謂的解脫生死，更重於如何解脫煩惱以達輕安自在。

人的煩惱雖言重重無盡，然大抵不離依於身口意所造成的十惡行為，故即或佛經有三藏十二部，但修行的根本核心，仍需由身口意入手。意念的清淨無染，此是第一要事，常人多不在意任何的起心動念，總以為只是想想而已，然如是的一想再想又三想，其後的身口行為亦即產生，故常言：「修行在意念上」，確然如是。

當個人的身口意有所違犯時，除非已達法律的刑責，否則大多數人通常難以覺察，以是，身口意的習染一旦日益增長後，其所往來之人，亦多與自己的習氣相近，故有「近朱則赤，近墨則黑」，又言：「方以類聚，物以群分」，顯然，如同經文所示：不但自行十惡，亦多教他亦行十惡，且更有甚者是讚歎行十惡者，當如是以行十惡不以為之惡時，則社會的紛爭與敗壞亦將可見之。

不忍眾生苦的菩薩行

「是以眾聖，起大慈悲，正為如是怨對眾生。我等相與發菩提心，行菩薩道。菩薩摩訶薩，救苦為資糧，解怨為要行。不捨眾生，忍苦為本。我等今日，亦復如是。起勇猛心，起慈悲心，等如來心。」

為人即或有心想行持慈悲利他，但此中所需面對的人事環境實然亦是一大考驗，要言之，若無有智慧為所依，則往往容易在與人互動中而退轉下來，以是，佛門特別強調「發菩提心，行菩薩道」，當有發心之後，仍需具足如菩薩般的智慧與慈悲，以救拔眾苦為自身成就的資糧，正因於有來自各方面的考驗，才能真實成就菩薩無量的智慧與善巧，因此，不論可否如願完成，菩薩終將懷抱著歡喜心與感恩心。

世俗有言：「初心易得，始終難尋」，凡夫之所以流浪生死無法出離，其主要之因在多數之人皆無法忍苦，甚至是不想或不願忍苦。當所面對的人事物不如己意之時，或即心灰求去，或以隱遁山林為樂，總之，一切為眾生的辛苦與煩惱，就交由其他更有能力與智慧的人去處理，如是的心態或為常見。

菩薩以所以與凡夫不同，其要在「不捨眾生」，即或眾生固執難化，即或眾生剛強冥頑，菩薩亦想方設法地引導與教化，永遠不放棄任何一眾生，亦生生世世懷抱乘願再來的心態，如是的菩薩精神，誠當受人景仰與效法之。

斷除怨結讎對由己開始

「仰願諸佛諸大菩薩，以慈悲力，以本願力，以神通力，同加覆護，折伏攝受。令三世無量眾怨，從今日去，乃至菩提。解怨釋結，無復讎對。一切眾苦，畢竟斷除。」

處於今日的世界，若想尋找一完成無有災難，乃至無有人事是非的地方，誠然不可得見之。此中的根本問題在於眾怨糾葛的難解難化，故如經文所示：「解怨釋結，無復讎對」，是為菩薩最大的願行。在與人相處中，最忌諱的就是再增添誤會與對立，此於個人是如此，於團體更為重要。即或現今是一資訊極為開放的時代，但各區域仍保有其特有的風俗與習慣，此中，是有不容侵犯與挑戰的地方。若無法深明彼此的差異，以達到雙方的尊重，則自以為此方可行之事，卻不知在彼方是其禁忌，如是的莽撞無禮，終將造成更大而難以化解的裂痕與傷害。

人與人之間情誼的維護已屬不易，又何況是家與家，乃至國與國之間呢！要言之，和平是不容易獲得的，和樂與和諧是必須付出代價的，此中，若無有深觀的智慧與慈悲善巧，誠為不易。當與他人有所衝突與誤會時，即或對方不願和解，乃至背後仍不斷地增怨，於今之人大多循法律之途，此看似可獲得最後的公平審理，然彼此的情誼亦恐將再難以回復。或許，當對方不願化解，而唯一方法就是自身要能先行放下。

以成全祝福取代對立報復

「推此而言，三世怨對，實非他人，皆是我等，親緣眷屬。當

知眷屬，即是怨聚。豈得不人人慇勤悔過，宜各至心，五體投
地。奉為有識神以來，至於今日。如是三世，一切眾怨，各及
眷屬，普皆奉為歸依世間大慈悲父。」

　　人自一出生之後，大抵隨著各種人事與環境等影響之後，自我意識
亦逐漸強烈與固化，於是，凡與我個己有關的人事物，則一皆想擁有乃
至執持不放。唯當有朝一日產生喜新厭舊之心時，則一切的對待方式皆
將可能一夕變之。此中，於人最大的傷害就是婚姻關係，當雙方除情感
考量外，若道義亦捨棄時，則其所涉及的範圍將及於個人，乃至整個家
庭、社會等，故不得不慎之。

　　不論是何種的人事關係，皆應效法學習佛聖的教導：凡與我有因緣
相會的一切人等，皆是我三世的親緣眷屬，此中不論是善緣或惡緣，我
皆當慇勤悔過。於善緣的關係中，更宜彼此互為增上感恩，化世俗的情
緣為永恒的法緣、道緣，不宜再彼此糾葛執著而罣礙不安。同理，如若
是惡緣的會聚，則更要謹慎小心不再彼此加添怨仇，以成全與祝福取代
對立與報復，唯有智慧與慈悲才可能化轉惡緣為善因，了除過去一切的
恩怨情仇。人人皆嚮往和樂、和諧、合群的生活，如是的願景當可被實
現，唯其關鍵則在人人是否能慇勤地懺悔自己的錯過罪。

十、自慶：自慶於斷疑懺悔，相與一心的 今昔無別

自感自慶的斷疑懺悔

「今日道場，同業大眾。從歸依以來，知至德可憑，斷疑懺悔，則罪惑具遣。續以發心，勸獎兼行，怨結已解，逍遙無礙。豈得不人人踴躍歡喜，所應自慶。」

雖言人生短暫無常，又兼煩惱苦多，然若能心思正向，則亦將發現人生實然美好，更值得自我慶幸。試想：得有父母的養育，又有同胞兄弟姊妹的相伴成長，此實然是人生的一慶事。再想：能處在一安定有秩序的社會裡，得受由小至大的完整教育體系，此中有師長、有同窗的共學共樂，確然又是一慶事。又更值得慶幸之事，無疑就是能得聞佛聖的正法教導，抑制無窮的無明欲望，以得長養復我自性清淨心，一生得能仿效近於佛聖的生活，此真真實實是最大的福緣與善根。

人生最令人感到困惑的，就是無法得一明確的目標與方向，即或多數人或有自己的人生考量，然若僅限於自我的小成就，於此，或可得有個人些許的小確幸，然於如是的過程中，有時亦難以避免與人造成利益上的衝突，甚或是結怨等。

如何在短暫的人生中，能多自我懺悔與檢討，化解彼此的恩怨情仇，轉無明煩惱為輕安自在，如是的修行才可謂是人生的真幸福。故如

同經文所示：唯有「至德」才可成為個人修身養性的依憑，想來：亦唯有自我具足真實的德性，才能真得逍遙無礙與踴躍歡喜。

心疑是難，非必異世

「我等相與，生在如來像法之中，雖不值佛，而慶事猶多。凡難之為語，罪在於心。若心生疑，非難成難。心若無疑，是難非難。佛前佛後，無非正法。邊地畜生，莫非道處。今若正心，則無復八難。如其疑惑，則難成無量。」

常人多有生在末法的感嘆，且多懷疑自己的善根、福德等問題。實然如經文所示：所謂的難，當「心難」則一切皆將成為困難。要言之，心若能肯定佛聖的正法，即或去佛聖久遠，但其經教仍流傳於世，且若得幸，逢遇一真善知識，則顯然於外境之上實已無難，而唯一所剩的就是自己的心難。

人生若能多深感「慶事猶多」，則煩惱抱怨將大幅減少。人一旦習於豐厚的物質與便利的生活，只要稍有缺乏，則煩躁之心即容易興起，而當如是的心態為之主導時，則人生亦將失去輕安自在。

所謂的心難，對於修學佛聖之道者而言，就是於道、於法的懷疑。顯然，若於道與法有所疑惑時，如何釋疑則成為當務要事。如世俗之言：「疑生怪」，一旦於正法無法確信，則將無法再進一步地精進行持，因於懷疑所產生的種種謎團，終將導致於修學路上的退轉。所謂的正法，若以時間而言，於今確為末法時期；然若以行持者而言，能依法而行就是正法，若如是，則無有時間前後的問題。要言之，即或生在末法時期，仍得以行持正法，仍得以圓證佛果，此當為確然可信之。

自慶已免三惡道苦

「若知自慶，則復應須，修出世心。何者自慶？佛言：地獄難免，相與已得免離此苦，是一自慶。餓鬼難脫，相與已得遠離痛切，是二自慶。畜生難捨，相與已得不受其報，是三自慶。」

為人的一生，是否感受到安然與幸福，除對於基本物質的需求之外，大抵與心態、行事等所造成的結果更為密切。要言之，為人若能光明磊落、心胸寬大，即或生活上無法事事盡如人意，然良心無愧將是最大的財富。

有云：「佛氏門中，有求必應。」此中之求，乃是如理如法而求，若能依於斷惡修善，布施持戒等，則將如佛之所言：「求富貴得富貴，求長壽得長壽」，如是看似理所當然之事，仍不離種如是因、得如是果的法則。同理，一旦有心修學佛聖之道，則當先能自我慶幸，今朝得聞真道至理，誠然是人生的一大慶事，想我從今而後，有至理為之引導，有至德可以修學，若再能堅持發心不退轉，則必成就如佛聖之果，此當可預期之，而如是的逍遙無礙，豈不正是人生的最大福報。

尤其先當自慶於今已免三惡道苦，此誠然更是人生最當可慶幸之事。因此，即或面對甚為困難的惡緣、逆境，更應反觀己身的存在價值，今已然幸得人身，此乃多生多劫的福報，若相較於三惡道眾生之苦，於己當可見苦知福。於是，發起慈悲心，於他人的需要中，看到自己的責任，若能如是，則自身的困境亦將化解。

盼多能深觀自慶之事

「生在邊地，不知仁義，相與已得共住中國，道法流行，親承
妙旨，是四自慶。生長壽天，不知植福，相與已得復樹良因，
是五自慶。人身難得，一失不返，相與已得各獲人身，是六自
慶。六根不具，不預善根，相與已得清淨，向深法門，是七自
慶。」

人生最難以突破的部分，無疑就是面對惡緣與逆境，即或常日多有
至理的修習，然功夫的淺深，則將在境界之中一較高下。唯有一而再、
再而三的自我深度地懺悔，並於自內心中求得真正的化解並放下，才能
證得如佛聖般的自在無礙，此中，唯有自我可以檢驗自己，亦唯有自己
才能真實了解自己的功夫所在。

為人是否能生活得自在與滿足，於精神的層面實然高於物質太多，
要言之，若心中能多有自慶之事，才能真實得令自己生活得幸福、快
樂、歡喜，否則，若心思一再向外以求，則實然將無有一刻的如意與安
然。試想：能得人身，能得聞聖教，能廣結佛緣等，如是的因緣看似理
所當然，若仔細思之誠然不易。

於今已得人身，但得此人身之後，又當如何善加利用，使其成為最
具價值意義，此即是諸佛聖的教導所在。尤其，又正當身強力壯之時，
若無法真實發揮出本具的良知良能，一朝體衰氣弱之時，實然一切皆為
時已晚，故常人多有：「少年不努力，老大徒傷悲」的感嘆了。

相與一心的今昔無別

「世智辯聰，反成為難，相與一心，歸憑正法，是八自慶。佛前佛後，復謂為難，或云面不覩佛，又為大難，相與已能發大善願，於未來世，誓拔眾生，不以不覩如來為難。但一見色像，一聞正法，自同在昔，鹿苑初唱。佛言：見佛為難，相與已得，瞻對尊像，是九自慶。」

當人生走到某一階段時，當人生已多有歷練後，不論是體力、熱情乃至其他種種的因素等，總之，通常最想返歸的就是清淨的本然。於此，或終將開始有所省思一生的所有作為與追求，到底目的與意義為何？於大多數之人而言，即或於言辭上仍多保有對自身所行的肯定，但內心深處若無有終極目標的歸處，於常人而言終將是另一種的惶恐與不安。

總而言之，能對於佛聖大法有所契入，乃至能發大善願：誓於未來世追隨諸佛菩薩，以救濟一切眾生為天職天責，除此之外，更要尋得安然自在與永得精進不懈、不退轉的源源不斷的動力。是故，並非是否得見佛面為難，難在不能深信正法，且若因於自身的世智辯聰，終將在心傲與心疑之下，反將自身排除於佛聖之門外，如是則真成為一可憐憫者。反之，若是能與諸佛同一心、同一願，即或不親覩如來面，但一見色像、一聞正法則能與諸佛相與一心，若如是，則已然無有昔或今之別矣！

十一、警緣三寶：依於聖教證無上道，
於識念處永持憶守

依於聖教以成就道業

> 「今日道場，同業大眾。宜復人人，緣念三寶。何以故爾？若
> 使不知三寶，云何得起慈心？愍念眾生。若使不知三寶，云何
> 得起悲心？救攝一切。若使不知三寶，云何得起平等心？怨親
> 同觀。若使不知三寶，云何能得妙智？證無上道。」

人間的一世因緣，不論是否為他人眼中的勝或敗，亦即或是廣受眾
人所羨慕的富貴、權勢乃功成名就等，若再仔細觀照之，此中又多彷彿
不具真實性。昨天的歡聚慶賀，今朝的離別哀傷，試想：每個當下的那
分分秒秒，看似真實得可以把握住每個當下，然卻又無法有任何可以挽
留得住的。然為人亦在如是既真又既假之中，度過一日又一日、一年復
一年。

於今，自當慶幸得聞佛聖大道，能提升人生的高度、廣度與深度，
能於廣大眾生興起慈悲心，能具足怨親平等的心量，能不畏懼於利他的
工作，能於順逆境中安然自處等。如是得證的能量，若不是因於佛聖之
道的教導與引領，實然是無法具有如是的動力與智能。以是之故，若個
人能於佛聖之道上有些微的力行，則一皆要歸功於歷代的傳法者與實證
者。

　　單憑個人的智慧與定力，實然是甚為渺小的，但若能由一而十、百、千、萬，則其所具有的感染力與影響面，將是無法估算的。若再深思之：看似是由個人而全體，但最終的目標，卻只有全體的成就。

於識念處永持佛聖之法

> 「佛言：人身難得今已得，信心難生今已生。我等今者，歸憑三寶。意常得知，佛為無上慈悲之父，作大醫王。知一切法，為諸眾生病之良藥。意常警緣三寶護世，有識念處，我常得知。」

　　人的一生，總有其所當要守護的人事物，此無疑就是人生的價值與意義。但若再仔細觀照之，則必然與必須要守護的，又到底是以何為第一要事呢？顯然，此中或有個人不同的優先順序，或因於不同的時間，其排序或亦將有所改變。但唯一不變的就是攸關於心性理念上的護持，此看似並非是具體的事項，卻影響著過去、現在與未來，更是開創全體生命於和諧、和樂的關鍵所在。

　　今時雖是一資訊與物質相較於過去更為豐富的年代，然另一方面，全世界又面臨著多種難以處理的問題，除極端氣候、災疫疾病、生態物種等相關的困境外，於今，更多是來自於各種複雜的因素，由之所形成離婚率與自殺率的攀升。顯然，實然並非是物質即可解決一切的問題，心靈的匱乏才是根本關鍵之所在。

　　歷來的諸佛菩薩，早已視透人生的根本問題，實然就在心性問題上，要言之，心性的自我滿足，才能真實化解一切的困境。於佛聖之法的修學上，若不能長時且深度的憶念與持守，亦實然無法契入其境界

中。雖言如是，但只要有信心，趁今生已得人身之際，當把握良機親近
聖道是為要務。

善用勝報為眾服務

> 「我等今日，雖不值佛，生在末法。具有信心，六根清淨，無
> 諸衰惱。優遊適性，往來無礙，此之勝報，莫非宿緣。三寶恩
> 力又令今世，發菩提心，諸如此益，非可具說。豈得不人人，
> 報恩供養。」

雖言人生有其種種的不如意，但若能仔細思之：今已得人身，且又
具全六根，兼得有幸聽聞佛聖之教，又能有所布施與持戒等，則將如經
文所示：「此之勝報，莫非宿緣」，此誠然是人生最大之慶事。與其將心
思置於不如意之事，不如將心思多設想如何善用此勝報為眾生服務。以
是，即或於今雖不值佛，但自我具足信心，能發廣大心依教奉行，實然
就是與諸佛同在、同願、同行。

且觀近代多位祖師大德的行誼，當其門人學徒漸多之時，當其名氣
漸響之際，於是，要求能得見其面者絡繹不絕，唯祖師的回答大抵是：
若能依所教示行持，則見與不見皆無所謂；如若不能依教奉行，則見亦
等同未見。

每個人皆有其特殊的能力，只要依於所能，以良知為前提，將本具
的良知良能發揮出來，且能放下個人的自私自利，才能真實成為利他
者。或有言：在一自私為多數的團體中，又如何能無私地利他呢！若有
如是之言思者，誠然是自受困於既成的因果輪迴中。若因於對方的自
私，則自己亦不願付出，如是的言行亦只會造成彼此更溺陷於負面的泥

沼而無法自拔，其糾纏與傷害將更無法估量。

布施供養的自受其福

> 「一切功德，供養中最。故經說言：唯念過去世，供養為輕
> 微。蒙報歷遐劫，餘福值世尊。又經言：設欲報者，起塔精
> 舍，燈燭幡蓋，香華茵褥，種種供養，將來之世，自受其福，
> 雖是供養，非報佛恩。」

種如是因，得如是果，是佛法的大要。唯於佛門所開演的六道中，有三善道與三惡道，要言之，即或是種善因、得善果，亦只是「自受其福」而已，故福報殊勝如天人，亦不免於在六道輪迴中。以是，如同經文所示：「雖是供養，非報佛恩。」顯然，即或能斷惡修善，仍並須再進一層次能「自淨其意」，亦可言，唯有能於修善中而心不執著、不滯住，才能不受陰陽因果所束縛，也才能真實超脫自在。

修學佛法的最終目的，實然就是要能得證如諸佛般的大智、大願與大行，依於布施供養諸眾生，雖言於己可得福報，然所得的福報，並非是私用於個人的享受，而是藉由所得的福報，以利益更為廣大的眾生值最殊勝的福報。於佛門而言，最殊勝的果報就是成佛度眾生，唯有如是，才可謂是真實地利益眾生。

度眾生是因，得證佛德是果，以是，為能廣度眾生，則自身必要積極得證佛果，同理，於得證佛果後，亦必自然地廣度群生。成佛與度眾，此兩者誠然是一非二，唯有如此，才可謂是真功德、真供養、真報佛恩。

欲報佛恩的發菩提心

「欲報佛恩，唯發菩提心，立四弘誓，造無量緣，莊嚴身相，修淨土行。是為智者，知恩報恩。眾等唯當依經所說，利人為上，各各至心，五體投地，普為十方，無窮無盡，四生眾生，歸依世間大慈悲父。」

對於大多數之人而言，大抵可以奉公守法，可以安穩地過度一生，然如是的一生，雖言無有太大的過失，唯若於人生有多一層的思慮，則或多或少會有些許的莫名惆悵，可能也無法如實的描繪，但總感覺人生似乎缺乏某種重要的因子。

唯當人生開始親近佛聖大道，開始將生命廣度闊開時，開始有無私利他的行動時，則終將發現：原來唯有在親近眾生，協助其脫離困境、解決難題之中，自心所缺乏的才得以充實，此中，亦唯有力行者才能領會。

依如經文所示：「利人為上」，於多數之人而言，若能於己有利，於人又能有益，則大抵皆願力行之。然當於己有所損傷之時，又如何才能堅持於利他之行呢？

於此，若不能深入經藏，則將無法明悟諸佛菩薩的大慈悲行，此中，唯有智慧與慈悲，若無法兼顧之，則將如世俗之所言：「慈悲多禍害，方便出下流。」要言之，利他不僅僅是一種精神的展現，其更需具足多方的特德與能力，然若行事僅先考量個人的利益得失，則是無法契入發菩提心的真義。

十二、懺主謝大眾：捨身受身，至於菩提，願永為法親眷屬

利他的心志得諸佛稱歎

「今日道場，同業大眾。相與已能生堅固信，發菩提心，誓不
退還，此是不可思議志力。此心此志，諸佛稱歎。今日唯深隨
喜，願未來世，復得遭遇，捨身受身，願不相離，至於菩提。
永為法親，慈悲眷屬。」

或許人生有太多的不如意，也或許多數人已習慣對生活上的一切有
小小的抱怨，或許也因為不確定的因素過多，於是才有世俗：「人生不
如意十之八九」的想當然爾之事。然與其將心思觀照於不如意上，不如
依於佛聖的教導，以正向能量面對一切，於是，終將發現：「心」才是
主導一切的根本源頭。

當抱怨成為理所當然時，則無窮的煩惱亦將隨之而來，如是的人
生，確然將形成事事不如意的現況。唯若能內省自身，把握每個當下，
善用難得的人身以利他為重，廣結善緣亦在此時此刻，除此，又欲待何
時才能轉變、提升自己呢！

看看他人的一生：捨身是如此的不定與無常，其後的受身又將在何
處呢？此無疑是人生的最為大事，於今，得聞佛聖之道，當發菩提堅固
心，如是心志實然與諸佛等同，故如經文所示：「捨身受身，願不相

離,至於菩提。永為法親,慈悲眷屬。」人生即或有善心、善念,但如何堅持不退,才是最為根本的關鍵,以是,除眼前的行持之外,心念與願力將決定未來的生生世世,於此,又豈可不慎重於每個當下呢!

以正法集為行事依憑

> 「今建此法集,便成叨覥。智無其解,身乖其行,輕發此意,實足驚於視聽。然人微事重,冰炭交心。若不資藉強因,而無以獲勝妙之果。誠知謬造,心不忘善,冀蒙念力,同為慈親。仰屈大眾,降德道場。」

一般人多因於習氣使然,以是,凡所行事無不依於自身的喜怒而為,且當隨著年歲漸長之下,其所呈現的樣態幾已成定型,誠難再接受他人的勸導,除非,其人生突有甚大的遭遇,導致其自願轉變之,否則,即或是神仙降世實亦枉然矣!雖言改變他人不易,但自身是否得以提升其關鍵在己,以是之故,對於未來世界的美好仍是可預期之。

改變習氣的第一步,實然必須先由思想觀念為入手,於今,得以親近正法集,此無疑是歷劫的善因善果,即或內容是關於自我的深度懺悔,然但凡是有緣人若能得聞之,定能心有戚戚焉。且人人本具先天的清淨心,當得遇不善的逆境之時,此無疑是自身無量劫所種之因、所結之緣,於今得逢之,正是突破因緣的最佳時機,唯有更為低心的自我懺悔,才能真實化解一切的惡因惡緣,否則,一旦再令習氣為之主導,則只能更加深彼此的怨仇,於是,輪迴終將無有止盡,想來:實然不宜再如是下去。以是,唯有堅持心志,且常得翻閱深悟正法集內容,並以之為個人的行事依憑,則時日將可以明證自身的改變與提升。

當自課勵兼以利人

「時運不留，忽爾垂邁。緣行所牽，勝會難期。當自課勵，兼
以利人。卓然排群，莫追後悔。法音經耳，功報彌劫。一念之
善，永得資身。一向一志，無願不獲。相與人人，各各至心，
五體投地，歸依世間，大慈悲父。」

人生一旦來至中歲時，或多或少會有些許的感觸：體力似已無法如
年輕之時，不論是靈活度或行動參與度等，皆已然大不如前。即或有持
續的養生，但不可避免的就是隨年歲所形成的老化問題，此是宇宙生命
的定律，一切生命皆然如是。

如經文所示：「時運不留，忽爾垂邁。」當時間是如此地一日度過
一日，生活表面看似一成不變，但實然一切皆已然無法再回頭，稍一不
留神，則白髮、皺紋已然在身上留下歲月的痕跡。當此之時，若能得聞
佛聖之道，誠可謂是人生的大幸，唯如何才能將此一念之善永持續之，
以為將來之世作準備，此才是根本之大事。

人世間的煩惱與痛苦，或可言就是所有人的共業。今日有今日的煩
惱，明天有明天的問題。人於幼年之時，或多期待快快長大，然一旦轉
為成人，終將發現生命是有其不同階段的問題與責任。顯然可見，為人
是無法期待有朝一日可以無事與無煩惱，要言之，所謂的清淨自在，實
然不在外緣上的無事，而是自我內心的安然而已，亦唯有真正的契入
者，才能真實的自利與利他。

願得同處修因、同處證果

「又復歸依，如是十方，盡虛空界，一切三寶。願此道場同業
大眾，廣及法界一切有情，同一菩提心，同一菩提願。願從今
日盡未來際，生生世世，常為三寶眷屬，同為智慧法親，同為
慈悲骨肉，同處修因，同處證果。」

為人的眼光總是太短淺，以是，所在乎的就是近於自身的人事物而
已。然若將自身與至親的家人相比，則自身的利益又將高過於家親眷
屬，以是，即或親如父母、兄弟的關係，在利益當前之下，亦可彼此傷
害且手段殘忍。然若依於諸佛的教誨，則一切的生命皆是累劫以來互為
同胞兄弟姊妹，如是的智慧之語、之行，唯得證的諸佛可以觀得明白且
行證之。

個人的思惟有限，若能以佛言而依教奉行，且觀如是的教誨：「法
界一切有情，同一菩提心，同一菩提願。同處修因，同處證果。」如是
的大心量、如是的大願行，實然就是一切生命的本來面目。亦唯有如是
的心量，才能真實將個人的自私自利放下，以眾生的成就為真實的究
竟，如此，才能根本化解人與人、家與家、國與國之間的衝突與對立。

觀得一世的生命甚是短暫，個人眼前所能擁有與使用的，實然皆是
極為有限與不定。以是，若在現前紛擾的人世間中，不能有所改變與提
升，無法了然與放下，則未來的日子，也只會更加的痛苦而已，故凡有
心修學者，又豈能不自我惕勵呢！

法身本無二體，行願亦同一致

「音響相應，形影相隨。莊嚴淨土，歷事諸佛。同行同到，救
護世界。接引眾生，同力同作。法身本無二體，行願亦同一
致。三身四智，同得圓成。八解六通，同一自在。饒益將來，
同登正覺。」

為人之所以會自私自利，其根本關鍵在無法透析生命的本質。試
想：天、地、人、萬物萬類，是依何而生？在一切尚未分別之前，此即
是一切生命的本源，於佛門的語詞，即謂之「法身」。要言之，法身就
是一切生命的根本源頭，其本是無分無別，此乃是立於先天而論。當一
切生命各有其不同型質時，此即謂之「後天」。總而言之：先天無分無
別，後天則有分有別；唯有分有別是依於後天的形質以論，若以先天本
源而言，則一切生命根本是一非二。如是的宇宙觀，實然必須先建立
之，以此，才能再論述其後的生命觀，乃至人生觀與價值觀等。

試觀自身的生命與生活，實然無法獨自而存，必須仰賴天、地、
人、萬物萬類的相共以生，以是，若於一切待人接物處事上，只想到自
身的利益，甚且為獲得一己之私，而傷害他人乃至萬物萬類，然當再返
轉回頭，則所傷害的就是自己。故如經文所示：「同得圓成，同登正
覺」，此實然是為至理。一切生命的本質既本為一體，以是，唯有敬
天、愛地、惜物才能得令自身獲益。

十三、總發大願：盡虛空界一切眾生，悉入大願海中，得如所願

同入大願海的心量與觀照

「今日道場，同業大眾。相與又以今日懺悔，發心功德因緣。願十方盡虛空界，一切眾生，皆悉令入大願海中，各各具足功德智慧。如是三界內外，無窮無盡，一切眾生，名色所攝，有佛性者。」

不論是否感到人生的快樂或痛苦，也不論是否於人生有多少的慨歎，人生不變的就是「日子總要過下去的」。以致，即或面對難以接受的生離死別，即或遭遇無法承擔的事件，日子仍要繼續的走下去。顯然，對於時間而言，實然無有任何一刻是停止的。若能將此觀照置於個人的生命中，則即或個人的生命是有其期限的，但時間的長流卻永遠向前奔動著。以是，若能以時間常流來面對自己的生命，則一期生命的樣態，則亦只是恍若一小水泡，當其回歸大海之時，才是恢復自己的本來面貌。

且觀：每個生命亦皆只是某一小水泡而已，即或各有不同的呈現，實然亦皆只是某一短暫的現象而已。故如經文所示：「一切眾生，皆悉令入大願海中。」既言是一切眾生，則當包含十方盡虛空界無窮無盡的一切眾生。要言之，真正的個人生命體，實然就是整體無窮無盡的一切

眾生。若能具此心量，人生實然無有過不去的任何挫折與關卡。也或許：當於理上無法深悟契入時，則所謂的行證亦將成為不可能或天方夜譚，然此或許就是修學上的最大困難與盲點吧！

仰承他力以得如所願

「今日，仰承十方盡虛空界，一切諸佛，大慈悲力。諸大菩薩，一切賢聖，本誓願力。無量無盡智慧力，無量無盡功德力，救拔地獄眾生力，濟度一切餓鬼力，免脫一切畜生力，令諸眾生，得如所願。」

若僅憑藉個人的力量實然太過於微小，然若能仰承十方諸佛菩薩的大願與智慧，則當一切的完成之時，其功德終將回歸法界一切的眾生，唯有如此，為人或才有可能超脫個人的貪瞋癡慢與自私自利。人生亦因於各為己私而謀劃，導致人與人、家與家、國與國之間的緊張與對立不斷。亦因個人過於膨脹自身的力量，常妄想以個己來主宰他人的生命與生活，唯一旦個人自滿自恃的程度無法自覺地節制時，則悔恨之事終將一一浮現出來。

生命的寶貴，是無法被替代的，但個己的生命與眾生的生命，實然皆是同為獨一而二的，要言之，生命與生命之間，是可以互相成全且和諧共存的，而如是的環境營造，實然就在個人的思想與行為上。若能將一切生命皆視為等同自己，則當其他生命在遭受危難與痛苦之時，自身的伸出援手與無私給予，誠然是不假思索與自然反應，如是自能得見生命的價值與意義。顯然，亦唯有在成全他人的生命同時，自身亦得到最大的受益與幫助。在人世的相處上，如何仰承大眾的力量，以成就最為

圓滿的境地，此誠然是最大的考驗。

己力與他力的互為增上

「今日，又承慈悲道場力，歸依三寶力，斷疑生信力，懺悔發
心力，解怨釋結力，自慶歡喜力，踴躍至心力，發願迴向善根
力，令諸眾生，得如所願。」

如世俗之言：「人生不如意十之八九」，此乃依於事上而論。對於人
生而言，總期待生活能一切順心，唯對於一帆風順的要求，亦似乎是可
遇而不可求。因於每個階段乃至每天，皆有令人意想不到之事發生，即
或一切看似依既定的步驟進行著，但人與人之間，甚少有完全可以盡如
己意的一切人事物。或亦可言：若將心力置於外在的一切人事物上，於
己實然是無法獲得內心真正的安然與自在。

唯人生在世，若能善盡自己的責任與心力，則所謂的「成敗」是誠
然可以交由上天來作主安排。然所謂的善盡己力，此中，除個人的自身
能力之外，如何善藉他力，如：以真誠懺悔之心祈求諸佛菩薩的加持，
當自心越是低下謙和之時，則於人事物的相待上，自能減少差失與錯
誤。要言之，能對無形無相的力量肯定，才越能得令自身的善願得成。
當事成之時，則天力佔七分，而己力只有三分，若能以如是的眼光與心
量行事，則自能真實感受得有貴人的相助，而真正的貴人又實然來自於
內心的真誠與善願。諸佛菩薩乃至歷代祖先的加持力，是永遠都遍滿整
個虛空法界，唯是否能感受得到，則其關鍵誠然仍在己力之上。

成就如諸佛般的智慧

「願令十方三界六道，窮未來際，一切眾生。若大若小，若升
若降，名色所攝，有佛性者。從今懺悔之後，在所生處，各得
諸佛，諸大菩薩，廣大智慧，不可思議，無量自在神力身。一
切眾生，具足成就諸佛無上大智慧身。」

為人甚難避免的就是傲慢心的增長，當人事境緣不如意之時，大抵
多能低下以對，尤其因於環境所迫，對於較為辛苦的工作亦多能接受
之，要言之，當處於逆境之下，反更能增添自身的各種能力與耐心，此
無疑正是人生最為難得的歷程與經驗。且觀：若自小即在備受呵護之下
長大的人，即或其一生於別人眼光看似順遂，但因於習慣使然，自以為
所能擁有的皆是理所當然，一旦稍有不如意時，其內心的起伏不平與瞋
恨怨對，恐將成為其人生最大的痛苦來源。

試觀歷代的祖師大德們，其一生通常多逆境惡緣，即或有心度眾亦
多困難重重，甚且可以說是一生辛苦異常。但正因其能突破自身所處的
因緣，以是，才能獲得堅毅不拔的精神與無限的慈悲能量，亦才能更發
廣大願以度眾生，以無限生命的無限大願，直至眾生業盡、眾生煩惱盡
為止。如是的大心量，實然來自於無量的智慧所致，而智慧的擁有，正
是在生生世世的歷練中而得。以是，或許逆境、惡緣皆為人所不喜，但
若能守正通過，實然就是最佳的人生資糧。

莊嚴由口業始

「又願十方一切眾生，從今日去，在所生處，各得諸佛菩薩不
可思議功德之口、柔軟口，安樂一切。甘露口，清涼一切。不
虛口，說真實法。乃至夢中，無有虛言。正直口，具足辯才。
莊嚴口，隨時隨業普皆示現。」

世俗有言：「禍從口出」，此乃道盡為人因於言語所造成的誤會、對
立等，誠可謂是層出不窮。於修學口業之上，大抵有四：惡口、兩舌、
綺語、妄言，為人若能在言說上多所琢磨，只要有心改正，自能逐步地
近於如諸佛菩薩的莊嚴口。

人與人的見面，最能夠直接表現的就是說話，於是，人一旦見面，
尤其是彼此熟識者，於是，寒暄、聊天就成為更拉近彼此距離的最佳方
式；反之，若彼此不言不語，不但容易造成尷尬，甚且摸不透對方的心
思。總之，由於種種因素，談話已然成為生活中的必要之事。

同理，言說談話一旦無所忌憚，且若再加上有觀念上的不同，於
是，本是基於以溝通為本的言說，反容易成為是非的爭端。更有甚者，
因於言說上的不合，導致由好友成為仇敵，由至親成為對簿公堂之人，
顯然，言說實然不可不慎。然諸佛菩薩亦因於言說而廣度一切的眾生，
於是，對於有心修學佛聖之道的人，言說的內容與自身的守口，誠然就
是入佛聖之門的第一關。如經文之所示：諸佛菩薩依於柔軟、正直而莊
嚴其口，實然亦可謂依於如是而莊嚴其淨土。

十四、奉為天道禮佛：願獎助行人，使心成就，能令我等，登踐道場

諸天善神的殷勤守護

「今日道場，同業大眾。諸天諸仙，一切善神，於諸眾生，有
無量不可思議恩德。願諸眾生，長保安樂，殷勤守護，唯善是
從。」

人生的痛苦雖言或有多端，但真正的癥結點則在自心的觀照上。若
能於萬物萬類多些同理心，亦或多以欣賞的角度待之，則或將可發現，
原來自心是與一切萬物萬類是這麼地貼近。或許在真正的人事相處上，
實然無法事事如意，或者其間更有多重而難以釋懷之事，然於此當下，
若一意將心思置於難解之題上，有時往往反增彼此的怨對與仇恨。與其
如此，不如將心思反轉於多元廣大的眾生。

首先，當我們仰望天空之時，想其為大地眾生帶來多大的恩德，或
又再想其廣大無邊的示現，不正是在教導人們亦當具有如是的心量。且
依於佛的教示：天道的諸天善神，皆是依於修行而具有不同的福報，以
是，學人當效法於斷惡修善上的精進不懈，以長保具足如諸天善神的善
根、因緣與福德。

再觀想己身：今日能得稍具有善根，能得以聽聞佛聖之教，此無疑
皆是諸天善神與歷代祖先的保佑，思及至此，則更理應義無反顧的精進

修行與慈悲利他為重,如是,才能報得諸天善神於眾生殷勤守護、長保安樂的大恩大德,而一切眾生亦是依於知恩、感恩、報恩之行,才能真實立於永不退轉之地。

永不捨離諸眾生的心量

> 「佛勅:提頭賴吒四天王,慈心擁護受持經,令聞慈悲名號者,猶如天子法臣護。又勅龍王伊鉢羅,慈心擁護受持經,如護眼目愛己子,晝夜六時不遠離。猶如諸天奉帝釋,亦如孝子敬父母,慈悲道場施安樂,教諸眾生結法親。」

各諸天善神各依其不同的修行而成就不同的功德,而不同的功德將具備廣度不同的眾生,即或所度化的因緣各有不同,但同為守護眾生的心量則無有分別。學人觀照至此,自當學習諸天善神的心量,於面對與自身有不同信仰、理念乃至行事風格的人事物等,更應具有善解心與協助之力,只要是共為人類的生存之道而積極努力的一切人事物,則皆當善盡己能給予祝福乃至護持。

如經文所示:不同的諸天善神,於眾生皆具有如父慈子、子孝父般的恩德,唯所結之緣是為佛緣、天緣與道緣。世俗之情緣即或是深恩厚義,然其時間皆是短暫的,且通常又多夾雜著情執與罣礙,於此,故自古即多有「怨從親起」的感慨。唯若是以清淨無染且無私地行持慈悲利他,則此中只有輕安與自在,只有逍遙與心寧,此無疑才能永保真實的道義恩誼。要言之,若以短暫的情執為所念,其表面看似深濃不捨,實則反容易造成彼此更為快速的分離;以是,不如仿效諸佛菩薩的長情大愛,與眾生共結永恆不變的先天之緣。

感於無形的相助力量

「今日道場，同業大眾，諸天神王，以如此恩德，覆護眾生，
而諸眾生，未曾發心，念報恩德。古人尚能感一餐之惠，遂捨
命亡身。而況諸天善神，八部神將，於諸眾生，有此恩德。」

　　人生誠然是有甚多的不如意，但所謂的不如意，若仔細觀照之，往
往只因於與己意不合，於是，內心多有不平不滿乃至抱怨瞋怒，輕者或
許發發牢騷，重者或即有可能產生極端的傷害行為。亦可言之，大多數
之人會將心力與眼光置於自身的利益之上，若如是者，則甚難對外在的
一切人事物產生知恩、感恩與報恩之心。唯一旦無法視外在一切與己本
是相融為一體時，則自身亦將難有真實安然的生活與心思。

　　如經文所示：「古人尚能感一餐之惠，遂捨命亡身。」此於現實人
生，亦有相似的感人事例：於困難之際，求助於對方，雖得到微少的援
助，然卻於日後發達之時，報償以厚重的恩義與實物。當如是溫馨的故
事廣被流傳之時，實然能引動多數之人內心無限的慈愛與柔軟，而如是
的互動與彼此的和諧相助，正是為人所欲營造的世界模式。

　　人事的成功與否，其所需要的因素甚是多元與複雜，以是，除感於
有形的協助之外，實然更應感恩來自於無形的諸多力量。要言之，內心
若能多對天神、祖宗等懷抱甚深的敬仰與祈求，自能得有更多無形的福
德因緣，此理確然。

得遇善知識的大因緣

「此恩此德，功無邊際。我等今日，懺悔發心，皆是天王密加
神力，獎助行人，使心成就。若不加助，如是等心，早應退
沒。所以菩薩摩訶薩，每歎善知識者，是大因緣。能令我等，
登踐道場。」

每當回頭觀照已然走過的人生，則不得不多有感慨：日子表面看似
每天皆然如是，然當一年、十年之後，則將發現一切已然不同，以是而
知，對於每個當下的用心與否，實然將決定未來的一切。此中，又與是
否能得遇大善知識最為人生的難得，故如經文所言：「善知識者，是大
因緣。能令我等，登踐道場。」誠然所有的人皆將過完自己的一生，但
此生結束後，又到底將何投何方？而未來的自己或者應該說是真正的自
己，又到底是何面貌呢！於此難解之題，多數之人或忙於生活而無暇顧
及，亦有是不願面對之，也或許是毫不在意。

於此，或可先不論下一步的人生如何，但所有的人皆必須面對生死
的問題，尤當生命漸趣往尾聲之時，至此，想大多數之人其內心或多或
少皆必須面對與思慮之。以是，有預立遺囑者，有已安排後事者，有簽
署醫療相關文件者，總之，人生的大事是不得不面對。

唯若能修學佛聖大法，如以上種種的問題，或許更能了然於心，而
內心的安然才是觀照生命最重要的源頭，以是，能否得遇相關的引導因
緣，誠然就是人生的一大事。

重遇為難的警醒

「大眾今日，既未能投骸殞命，則應行勤勞，亦是報恩之漸。
相與各宜增到運心，知恩報恩。不可隨流，自反無方。如前自
慶，重遇為難。難得今果，復欲何待？失此一會，知更何趣？
唯當勇猛，時不待人。」

　　或許當一切是如此地理所當然之時，也或許總覺得時間還有很多的
心態，以是，即或內心於應當力行之事，也總是一拖再拖。於是，今天
等過明天，今春等著來秋，更或許已然將時間定於退休之後吧！然實如
經文所示：「重遇為難，時不待人。」想來：最為公平的就是時間，其
對於任何人而言，皆是不急不徐地永遠向前推動著，一切的人事物也只
能在分秒之間而進行著，每當前進一秒，生命即減少一秒，實然是無法
再回頭的，以是所謂的「重遇為難」，是依於每個當下的剎那，皆是無
法再重複有完全一樣的人事物出現，故人生總有「時不待人」的諸多感
慨。

　　又如經文所示：「失此一會，知更何趣？」人自一出生之後，總隨
著當是時的人事環境而進行著所有看似理所當然的事情，於是，也就如
是地度過一生。唯即或所有的人皆將面對自己與他人的死亡，但到底又
能有多少人是可以在短暫的一生中，看清所有事情的輕重緩急呢！當糾
結於複雜又難以解開的人事物時，又將如何得以安然自在地處理與圓滿
放下呢！顯然，若不能自反運心，則亦將徒留惆悵與茫然。

十五、奉為諸仙禮佛：願妙色湛然，如意自在，出入遊戲菩薩境界

清淨自處的修仙生活

「今日道場，同業大眾。人各至心，等一痛切。五體投地，奉
為十方，盡虛空界，一切仙主，一切真仙，各及眷屬，歸命敬
禮，世間大慈悲父。」

中文的造字，「仙」是「山人」（山中之人），要言之，對於紅塵俗
事的複雜與由之而產生的煩惱痛苦，或許是已然看透，也或許是不願牽
涉其中的心態，總之，不論是何種原因，凡能安於修行，即或是獨自一
人，其淡泊名利與超然於凡情，實然已非易事。

對於常人而言，多因於家庭、事業等關係，或是無法安於一人的生
活，或更多的是害怕孤單、寂寞等，故多自認為能入於群體的生活，才
是人生的常道。然對於大多數之人而言，所謂群體的生活，不過是一種
彼此依賴所產生的安全感與力量。以是，如若以為修仙僅只能利益自
身，實然亦可謂是一種錯誤的認知。要言之，為人若無法獨處，實然亦
代表其無法與大眾相處，而其內心深處的不安全感，終將為其自身與所
處的社群帶來許多負面的影響。

人人皆具有天然的本性，然或因於無量劫的境緣環境等，總之，在
回歸清淨本性的過程中，若無法先由自身的安然守正為入手處，以是，

所謂力行廣度眾生之事,也將因於自身的德性把握不住,反造成更多於己、於人的困擾與傷害,亦只是徒增內心的罣礙與外緣的牽扯。

願以慈悲心行相應於仙主

「又復歸命,如是十方,盡虛空界,一切三寶。願以慈悲力,同加攝受。」

有關修學的階次,即或各宗學門各有其不同的內涵,然大抵是由己以至他、由內而達外。若依於儒家之教,則是:「窮則獨善其身,達則兼善天下」;若以佛門而論,則是自度度他,以達覺行圓滿。顯然,所謂的止於至善,所謂的圓滿,則必然是包含無量無邊、盡虛空界的一切眾生。要言之,亦唯有一切的生命全然能同歸清淨本性,才可謂是至善與圓滿。以是,凡所有的真仙修行者,其雖在不同時、空間的環境裡,亦時時皆在護佑著一切的眾生,故當自身禮拜祈願之時,實然亦將包含一切的仙主及其眷屬,如是的心行,不但能通於仙主,乃至無量法界的諸佛菩薩,亦才能與自我的真性相符相應。

人生不如意事十之八九,但若總將心思與心力,置於自身之上,則人生確然將十之八九的不如意;然若反之,將心行之力,關注於無量無邊的眾生身上,則將發現自身的問題與罣礙亦隨之處理、放下,此中的奧妙之處,唯實證者自能了然於心。一切真仙修行者就是我,我就是一切的仙主,此兩者本無分無別,以是,當自心安然為一切真仙禮拜諸佛之時,實然就與一切仙主同時、同在。常人因於分別心、爭鬥心過於強烈,故經文一再地以各為不同階次的修行者禮拜諸佛,實然就是在打破自我的拘限與小心眼。

以清淨本心解脫客塵煩惱

「願諸仙主，一切真仙，各及眷屬，解脫客塵。清淨緣障，妙
色湛然，等佛身相。」

為人既生處於紅塵俗世中，以是，不論是言行舉止，乃至思想觀
念，亦大抵深受當是時人事環境所影響。又因於不同區域，各有其不同
的風俗習慣，彼此之間所產生的差異性可謂是南轅北轍，甚且可謂是已
達難以理解的地步。顯然，所謂的風俗習慣與差異，亦只是各有其外在
因素所興造而成。以是，唯有採取「入境隨俗，彼此尊重」，才能將彼
此的差異降低，而漸次趨於和諧與和平。

對於有心修學者而言，任何外在的一切存在現象，皆可總稱為「客
塵」，要言之，既言「客」，則代表其非是「主」；既言「塵」，則代表其
非是「清淨」。以是，如何認取清淨的本性才是自我真正的主人，則其
他的一切客塵，亦只是一時的存在而已，此是修行的關鍵。

若以「佛」為修行最圓滿的象徵，則任何尚正在修行的真仙及其眷
屬，實然皆必然要精進再精進，以求臻至如佛般的智慧與慈悲，此無疑
就是人生存在的真正價值之所在。能將自身的問題放下，全然以清淨心
面對一切的人事物，即或一切的外緣環境甚是惡劣，但自我內心卻是如
如清淨的，此無疑就是如同諸佛菩薩的心行與生活，人生若能漸往如是
的方向前進，誠可謂是一位明智者。

自在出入遊戲的境界

「四無量心，六波羅蜜，常得現前。四無礙智，六神通力，如
意自在，出入遊戲菩薩境界。」

處於現實的世間，若不識字、若身無分文、若無有技藝專長等，亦
可謂是一件辛苦之事。唯觀歷代的祖師大德們，或有出生於貧困家庭，
以致無有機會識字讀書，然終其一生卻又度人無數且成果輝煌。顯然，
即或外在若干條件不具足，唯若能真心修行，憑藉德性所自然產生於人
的尊重與恭敬，於己的謙和與慈悲，當時日一久，如是的心行，自能贏
得眾人的親近與信賴，此即是度眾的資糧。

對於有心修學者而言，必然須先將自我的自私自利、名聞利養、貪
瞋癡慢等淡化，並善用自身本具的條件與能力，才能如菩薩具有千手千
眼般的如意智慧以利益眾生。此中，最大的關鍵在於無有執著與罣礙，
而此正是凡夫所難以臻至的境地。即或自身尚未能具有如菩薩般的智慧
與慈悲，但或者可以先學習於一切人事物，但求盡己力以相助而已，至
於他人是否知曉或回饋，則確然不必放在心上，如是多一分的自在，或
才能領悟所謂的「出入遊戲菩薩境界」，要言之，因於心行的不同，則
自在與瀟灑當有不同。且觀自己的一生：煩惱多源於過多的擔憂與罣
礙，無法真然把握於每個當下，雖言人當有於未來的規劃，但每個分分
秒秒就是最為現現成成的。

以如如金剛心度眾無礙

「等法雲地，入金剛心，以不思議力，還接六道。」

或許尚有甚多的人，自以為凡有心修學佛聖大道者，或多是妄想過多之人，此無疑是最大的誤解。所謂的成佛，是為能廣度更多的眾生，唯於修學的過程中，雖有階位等次的不同，此中，特以「法雲地」為第十地，菩薩修學至此等地，當再往上一層次即是「等覺」，其後至「妙覺」即謂是佛。顯然，所謂階次的分等，實然是為說明修行將因於心行的不同，其所具足的定慧是有不同的內涵，與及其存在的無明習氣尚有粗薄之分。故當能「等法雲地，入金剛心」，才可謂於度眾的過程中，自身是可以立於不退轉之地，自心是可以如如不動的，如是於己、於他才能真實得益。

釋尊於三千年前的示現，實已然說明一切，其放下世俗的富貴權勢，精進努力修行，不畏苦難、不懼障緣，將自身立於心、念、行不退之位，才能真實為眾生開演法義，廣度無量法界而無懼無畏，如是的金剛心行，確然是人天榜樣。凡有心修學者，於面對一切難以接受的人事物時，實然正在考驗著自己的定慧，在此當下，如何安住心，如何不起煩惱，正是用功的時候。依於諸佛菩薩的教誨，若能深心懺悔，唯有一再地反觀於己的錯過罪，才能得令自心更為安然與自在，否則，將再多增一次的煩惱與結怨而已。

十六、奉為梵王等禮佛：願慈悲普覆，
　　十方四生，百福莊嚴，萬善圓極

語默動靜間的清淨行

「今日道場，同業大眾。重復至誠，五體投地。奉為梵王帝釋，護世四王，各及眷屬，歸命敬禮，世間大慈悲父。」

佛門對於天道尚有甚多的界分，不同層次之天代表修行所具有的福報、德能亦各有差異。所謂的梵王、帝釋、天王等，若以世俗的社會而言，則是各不同單位的領導人。在現實的社會裡，即或是鄰長、里長，乃至當地的派出所長，皆各具有某種程度的功能與貢獻。同理，為滿足人類的食衣住行育樂等各方面的不同需求，於是，整體社會中亦必然有不同的單位、公司、行號等，對於人們而言，其皆是具有不可被替代性的重要。

若能仔細觀之，即或是一小小的店面，能成為其中的老闆，自有其可以被學習的部分。以是，對於修學者而言，任何一單位的主管，乃至其中的任何成員，若自身能謙和請教，自當能收穫滿滿。又更何況是大單位團體，乃至各國家的領導人，其自身所擁有的人格特質，實然皆值得學人們虛心學習之。

於修學佛道者而言，所謂的「梵王」，此中的關鍵是「清淨之行」，要言之，於言語造作，乃至語默動靜間皆能保持清淨，此實然是學人的

榜樣。對於常人而言，最感困難的多來自於內心的波瀾起伏，即或聽聞聖道已久，在遇事的當下，如何仍具有定力以伏得住自心的習氣，此將是一生的功課。

相對反應的常理

> 「又復歸依，如是十方，盡虛空界，一切三寶。願以慈悲力，
> 同加攝受。」

為人能同入一大團體中，若依佛門而言，此須具備無量劫的因緣，於是，對於同處一群體中的每一個人，實然皆要具有愛護心與協助行。尤其是面對剛剛入行的同仁，其若尚有無法得力的部分，更應無私地引導其快速的融入。對於來自於他國或外地，乃至其所從事的工作屬於勞動階層，更須多具有同理心以平等對待，使其消除陌生感，感受人情的溫暖。反之，若自以為是老員工、是在地人，即一意地欺負新進人員，唯當一旦形成惡性循環時，實然無有一人是可以快樂自在的。

於世俗的常理有：「相對的反應」，要言之，對待他人如何，則他人亦將回報如何。此於世俗已然是如此，於修學佛道上更是如此，故不旦自我能親近善知識，更希望同業大眾，乃至盡虛空界皆然如是，如是的心胸、如是的眼界，最是修學者所須努力的地方。個人的行動所能涉及的範圍甚是有限，但心思是可以無遠弗屆的，以是，如何常保一顆祝福他人之心，反才能將自心立於安然自在之境。

為人的煩惱多來自於為己身謀求私利，無法等視他人的需求，故人世間的對立與爭鬥則將是無窮無盡；反之，若放下私利，多以共同幸福為思慮考量，則和諧的人間才有多一分的可能。

於道德修養上的轉增明亮

「願梵王帝釋，護世四王，各及眷屬，六度四等，日夜增
明。」

如世俗之言：「人往高處爬」，若是在為人的道德修養，則確然當如
是乎！且觀在自己周遭的一切人事物，因於科學的進步發展，於物質方
面，實然已臻至日新月異的地步，於品質的要求已然更為精緻與細膩。
然為人的品德修養，卻無法跟上如是的腳步，於是，在看似物質發展已
然更為進步文明的現今，但各式的文明病，各種離奇的刑案，乃至青少
年的犯罪率，與夫妻的離婚率等卻逐年攀增，又再加上氣候變遷、疫病
流行等，如是等等的問題，實然是無法一語道盡。

然若能靜下心思觀察，則人類社會看似甚為嚴重的問題，概要言
之，實然仍在個人的品格修養上。顯然，當個人主義過於被誇大與自以
為是時，人們只在意自身的權利，無法同理他人與自己相等的心態。為
人一旦只在意自身情緒的發洩與感性的流露，於是，今日可以與人海誓
山盟，明日又可以另結新歡；今日可以一言九鼎，明日又可以背棄合
約，如是的行為，已毫無道義可言，實然更與自身的天性不符合，故其
後的人生，終將不可能擁有真正的幸福與快樂。

人性確然有其共同性：喜歡天朗氣清，喜歡群鳥翱翔；喜歡大地生
生不息，喜歡生命活活潑潑；喜歡湛藍海洋，喜歡鯨豚跳躍悠游；喜歡
人群和諧，彼此共樂共享。凡所行是符合天性的一切人事物，人類才能
獲得美好的生活與生命。

論說無礙的悠然自在

「四無礙辯,樂說無盡。得八自在,具六神通。三昧總持,應
念現前。」

在社團的活動中,有名為「辯論」的項目,其內容是針對某一議題
進行正反兩方的意見陳述,辯論的過程有其一定的程序,然大抵是需為
自己所持的看法表示肯定,同理,又必須對另一方提出質疑與詢問,當
各雙方完成整個流程後,再經由評審團進行投票以決定勝負。要言之,
透過如是的辯論過程,雖可以對某一觀念進行較為深度的思惟與論說,
但因其終究是以勝負為判準,故即或如君子之爭般的坦然接受,然於辯
論者而言,其內心或多少仍有得失的影子。

於佛門中有「辯才無礙」之稱,此中之辯並非是爭勝負與得失之
意,其主要意旨在於能將佛法義廣面予以論說,不但能契理,更要能契
眾生之根機,且於論說過程中能理事兼備,於辭與意的表達皆能圓融無
礙,使聽聞者能法喜充滿,能契入諸佛菩薩的境界為目的,如云:「佛
以一音演說法,眾生隨類各得解」,此是對佛演法的最高讚歎,亦是凡
有意論說法義者的依準所在。

與其將心力置於與他人的辯論爭勝,如是則將如莊子對於是非論辯
所持的觀點:「是其所是,而非其所非」,凡有是非,則必各以所肯定
的,以否定他人所肯定的,且評論者又各有其是非,於是終將在爭辯中
而沒完沒了,徒增更多的是非而已,不如為眾生指引一返歸清淨真如本
性之道更為殊勝。

保持適當舒服的距離

「慈悲普覆，十方四生。百福莊嚴，萬善圓極。三達開了，天
眼具足。為法輪王，攝化六道。」

當人人時時刻刻皆握有一支手機，當人人無時無刻都在進行著錄影
存證，於是，所謂「全民公審」的詞彙亦已然而生。且因於網路通訊的
快速，再加上各群組的連結，於是乎生活上的點點滴滴，乃至一切的人
事物等，彼此之間的緊密程度亦已然超越適當舒服的距離。網路社群的
往來，本有其正向之面，然稍有不慎，則又極其容易產生負面事件。

在如是極快速又極複雜的環境中生存，已屬不易，但如何才能達至
彼此的互為增上，以減少彼此的負擔與壓力，此誠然需具足廣大的智慧
與慈悲。依經文所示：為法輪王者，需「百福莊嚴，萬善圓極」，如是
才足以攝化六道群生。或可要言之，因於不同眾生的不同需求，所施予
內容與方式亦只是應其所須而已，於諸佛菩薩而言，實然並非有一主觀
特意的心思與動念。

面對當今越看似難解的人事物問題時，其最佳的方法就是一顆安然
的心，當心能穩定不慌忙時，才有可能將生活調整為最適當的步伐，與
人、與工作保持最為舒適的距離，唯有如此，才能於己、於人皆有喘息
安養的機會。或許當關機之時就要關機，當不必隨時追蹤訊息之時，就
讓自己放鬆下來獨處片刻罷！

十七、奉為阿修羅道一切善神禮佛：願解脫客塵，發起大乘，修無礙道

對不同維次空間的體認

> 「今日道場，同業大眾。重復至誠，五體投地。奉為十方，盡
> 虛空界，一切阿修羅王，一切阿修羅各及眷屬。」

對於常人而言，多以眼前所能見的為依憑，以是，有關是否有天堂、地獄乃至其他如鬼道以及阿修羅道等，或多存以懷疑的心態，即或不否認之，亦多僅止於或有或無與模稜兩可而已。

於今科技可謂是甚為發達，然如科學家所言，人類對於宇宙的認知僅止於百分之五而已，要言之，人類對於瞭解整個宇宙的事實真相，尚有一大段距離。然亦唯有當人類越能體悟所知極其有限之時，人類才能更為謙和以待眼前尚存在於地球上的萬物萬類。

如佛門對於「阿修羅道」的說明：若先將法界列為「聖、凡」二分，則阿修羅道是處於天、人之下，然尚在三惡道之上，要言之，阿修羅道是於修行上，雖具有善行但卻因於瞋心重，以是成為阿修羅道。學人若能懷持立足於一切生命的本質之上，則即或是因於自身的凡胎肉眼，尚無法得見的各微塵粒子，但依於科學的技術已然告知：任何的懸浮之物，皆將影響並造成地球生態的改變。換言之，即或只是一極微塵，實然是與我共成一體，若能有如是的心態，或才有可能將人類自以

為是貪瞋癡慢疑心態逐漸放下。顯然，與其尚在懷疑是否有阿修羅道的存在，不如精進於自我起心動念上的修行。

持守維護天地的正氣

「又奉為十方，盡虛空界，一切聰明正直，天地虛空，主善罰惡，守護持咒，八部神王，八部神將。乃至若內若外，若近若遠，東西南北，四維上下，遍空法界，有大神足力，有大威德力，八部神王，八部神將，各及眷屬。歸命敬禮，一切世間，大慈悲父。」

在現實的人世間，有大忠大孝者，亦有大仁大義者，反之，亦有作奸犯科者，亦有無情無信者。惟依於人的先天本性而言，凡行於忠孝仁義者，則將廣受大眾的讚同，其因，實然是其所行符合天性，故人人皆同理稱許之。反之，若其所行違反天性，則人人皆厭之、惡之，其因無他，唯其所行背於天理、天性。

若能依於如是的天理、天性，以觀於宇宙無量的法界，則所謂的神王、神將，則其所行當是正直且具威德，故得而名之，亦以是其自能主持與維護天地的正氣，此理亦為當然。人生的一世甚是短暫，即或富貴長壽，即或名利雙收，亦即或是平安如意，乃至幸福快樂，想來：皆將如煙雲般地快速飄散而去。

為人一生的所行一切，唯有自心最為清楚明白，即或他人不知，自己卻永遠都是念念不忘的；又即或是不想再度回憶，但深層的落謝影子，與來自於無法控制的意識心，終將是最佳與最準確的審判長。為人的一生，若能德性無虧，才能真實獲得心安理得與瀟灑自在。

守護並安定自己的心

「又復歸命，如是十方，盡虛空界，一切三寶。願以慈悲力，
同加覆護。願阿修羅王，一切阿修羅，各及眷屬。」

世間之人，大多是善惡混雜，或善多惡少，或善少惡多，此中，彼
此的差異甚是巨大。例如：有如堯、舜般的古帝王，亦有如孔、孟之流
的聖賢。惟不論凡與聖之間的距離有多遠，但希望能獲得喜悅與輕安，
此乃古今中外皆然如是。如佛門之言：眾生是未來佛，佛是已成的眾
生。要言之，眼前的佛聖，亦是依於眾生而修證而成，凡夫只要能夠發
勇猛精進心，徹底改變自己的不良習氣，只要能一步一腳印，實然無有
不能成功的。

今人有甚多的習氣，是因於當今的環境所逐漸養成的，例如：手機
的不離手，即或已然下班，又即或已將就寢，手機仍在身旁待命，唯恐
錯失一通電話或簡訊。如是之人，即或有時亦多抱怨他人的干擾，然細
觀之，放下與否的關鍵，在己不在他。若真能暫時放下，又何煩擔憂他
人的責怪呢！

處於現今忙碌快速的時代裡，自我之心若能先安定，實然勝過於一
切其他的事物。當流行已然成為一股趨勢，物質的快速淘汰與更新，已
將人心置於高度的壓力與緊張中，於是，社會上充斥著各種攻擊者與被
動攻擊者，所謂的被動攻擊者，則意指其在鍵盤背後的發洩與謾罵。當
時局逐漸充滿著憤恨與對立時，一顆安然穩定的心，誠然是甚為難得與
寶貴。

如意自在的利他助人

> 「解脫客塵，清淨緣障。發起大乘，修無礙道。四無量心，六
> 波羅蜜，常得現前。四辯六通，如意自在。」

對於大多數之人而言，若具有更多的資源與能力，大多是願意有所
付出的，唯此中的過程，又未必可獲得完全的認可，有時稍一不慎，反
而造成對方的困擾與自身的受傷。顯然，所謂的利他助人，實然是無法
僅止於一廂情願而已，此中所需具足的智慧與能力是多元且廣面的。

在與他人相處互助的過程中，首先是自身的習氣調整與改變，即或
有心協助他方團體，但或因於自身過多的原則堅持，反給予他方甚多的
壓力與包袱。也或因於過度的熱心，無法了解真正所需之處，僅是一味
地付出等。要言之，或可能因於助人的關係，反形成兩造之間的緊張與
難言之苦。

所謂的智者，誠然並非其是大力士，或其是無所不能，一位智者其
所能協助他人的部分，亦只是因於他人本有的條件，逐步視其因緣而推
動與促成之。因此，依於經文的「發起大乘，修無礙道」，即或想學習
菩薩道的精神，自身亦必然要自我勤勉地加入各種助人的條件。例如：
不會游泳，但只要能努力學習技術，終將可以成為會游泳的人。同理，
其他之事，皆然如是。顯可得見，有心成為一位菩薩行者，其最重要的
部分就是能應眾生的不同需要，而給予最為適當的協助。

恒守金剛心的意志

「恒以慈悲，救護眾生。行菩薩道，入佛智慧。度金剛心，成
等正覺。」

對於一般人而言，或多有「虎頭蛇尾」的時候，例如：學習一門技
藝，或起初是充滿興趣的熱忱，唯一旦步入更為精微困難的部份時，往
往會有退卻之心；或也因於重複的練習，導致身心的疲累，至此，想放
棄的念頭則常常浮現而出。於專業技藝尚且如此，又更何況是發廣度大
眾的大願呢！人心的浮動與不定，或可言是多數之人的常態，欲求解決
之道，當由不屈不撓的意志力上入手。

依如經文所示：「恒以慈悲，行菩薩道」，又：「度金剛心，成等正
覺」，顯然，堅毅不拔的意志與耐心，可謂是凡夫與菩薩的差異所在。
對於常人而言，能在困難的環境之下，仍能持守自身的本分，不因於外
在的誘惑而喪失本應堅持的核心價值，若能如是，誠可謂是為人的不凡
與意義。處此動盪的時代，與面對人心多有見異思遷的事件，而能於父
母、兄長、朋友等保有真誠心，行於所當行，止於所當止，如是的一
生，才可謂能為人間留下典範。否則，隨波逐流、漫無方向，茫茫然然
不知人生的目標，如是的自己，於生之時，無法活得淋漓盡致，於死的
當下，恐將更為惶惶難安。至此，或將更能領悟諸佛菩薩的教導：恒以
金剛心，以慈悲護持眾生，以至成等正覺。

十八、奉為龍王禮佛：願以無相解，斷除緣障，永離惡趣，常生淨土

風雲雨露的大自然恩典

> 「今日道場，同業大眾。重復至誠，五體投地。奉為十方，盡
> 虛空界，一切不思議龍王，妙化龍王、頭化提龍王、五方龍
> 王、天龍王、地龍王、山龍王、海龍王、護眾生龍王。」

在大自然界的萬物萬類中，對於「龍」的概念，大抵東、西方是不同的。西方的「恐龍」是真實在地球上出現，但於今已然滅絕，唯尚存有其骨骸以為人們的研究與討論。但東方對於「龍」是有其甚多的象徵意義，例如：是帝王的象徵，於是與國君相關的事物，或多冠上「龍」字，以代表其與眾的不同，如龍顏、龍袍等。且有關東方龍的形象，是根據所有最優良的動物所組合而成的，如：鹿角、龍蝦目、獅子鼻、牛齒、虎鬚、蛇身、鯉魚鱗、麒麟尾、鷹爪，又再加上龍具有興雲作雨的能力，於是，有關龍的傳說又更加深其神秘色彩。

對於佛門而言，有所謂的「天龍八部」，要言之，其具有護法的天職天責。且不論龍的形象為何，但吾人可以思考的是，一切的萬物萬類，實然皆有其存在的價值與意義，且若人類能為其所處環境多有保護，其亦必然對於整體的生態產生平衡和諧的作用。若能以如是的心態，觀於一切遍虛空界的龍王及其眷屬，則天龍各部所給予人類的風雲

雨露，實然就是對人類最大的恩典，亦唯有人類更為謙卑以對來自無形的力量，才能感得更為美好的大自然生活。

對有形與無形物種的禮敬

「乃至十方，若內若外，若近若遠，東西南北，四維上下，遍
空法界，有大神足力，有大威德力，如是一切龍王，一切龍
神，各及眷屬。歸命敬禮，一切世間，大慈悲父。」

現存於地球所有的物種中，與人類最為接近的就是俗名「大金剛」的「猿」，根據科學家的研究，大金剛與人類的基因僅相差百分之二，以是，若仔細觀察之，大金剛的整體容貌與身體樣態，乃至其甚多的動作，幾與人類相似，然彼此的生活模式卻天壤之別。唯人類為求一己的生存，卻對同為「猿人」的物種有甚多的逼迫與傷害，導致其因於棲息地的減少，於今已成為瀕臨滅絕的物種之一。

依於生態專家的研究報告，大金剛是素食的物種，個性溫和且群居，其亦具有家族與領域的觀念。當人類能以彼此不必互傷為前提之下，對已然生存的各物種，能多保持一分禮敬與欣賞，唯當有如是的心態能先建立之後，或許才能體會，如經文中對於龍王及其眷屬，亦祈求其能歸命於一切世間的大慈悲父。

任何的生物都有其生命的期限，但地球的永續發展卻是代代傳衍著，如何在各別物種之間，維持著自然平衡的生態，此中的關鍵就在人類的身上。若人類能少一分的物質欲望，多一分於地球生態的愛護，則可見的物種自能受益，尚未發現或不可見的，亦能安分而不彼此干擾。

天人同為一體的信念

「又復歸命，如是十方，盡虛空界，一切三寶。願以慈悲力，
同加攝受。」

於學術界上，向來有兩種不同的主張：一為天人之間是可以互為感
應的，另一派的主張，則認為天與人之間沒有必然的關係，天有天的運
轉，人有人的職責，彼此並不會互為相感相通。此兩種看似完全相反的
主張，實然若細觀察之，或可謂是對於「天」與「人」的傾重各有不同
罷了。

前者，天人是可以互為相感相應，此中之論，重點在於為人除個己
的努力，對於外在不可預測的因素，亦需為之考量，要言之，一件事情
的完成，內外雙面皆具有關鍵性的作用，而對於不可被預知的部分，則
總稱為「天」。而後者，強調「天人之分」，其重心置於為人的身上，例
如：天能給與人類四季，但人類所能努力的就是如何進行耕耘與收成等
事項。

且觀整體的宇宙，有天、地、人、萬物萬類，此最為關鍵的四大
類，彼此之間實然無法謂其無有任何的連結。理應更為準確地說，彼此
之間可謂是牽一髮而動全身。人類乃至萬物萬類的生成與長養過程，亦
必然取之於天地日月等精華，以是而知：一切物類當與整體的宇宙相連
為一氣，即或是雲霧的變化莫測，亦將與一切的生物彼此息息相關。人
類自有其當努力的生存價值與意義，但人類與一切天地萬物的相連互為
一體，此為確然如是。

以正向正念而永離惡念

「願諸龍王，各及眷屬，增暉光明，神力自在。以無相解，斷
除緣障。永離惡趣，常生淨土。」

任何事物的存在，皆各有其不同的種種因素。例如：由種子以至生
根、發芽、開枝、散葉而後結為果實，此中，只要任何一環節所增減的
因素不同，則其後所長養而成的結果亦當不同。此於一切事物已然如
是，於修行上更是如此。即使是具有興雲施雨能力的龍王，亦必當要再
更為精進，以求得成就佛果。在修行之路上，最需謹慎於自己的第一起
心動念上，若是惡念，則要能斷之，不可任其再繼續發展，當其已產生
具體的行為時，一切將為時已晚矣！同理，若是善念，則要再增添之，
使其轉為善行，否則，徒有善念卻不能具體實行，亦終將只是一場空。

處於現今極其資訊複雜的時代裡，人們因於外在環境的變化過於快
速，往往第一時間的反應都是以自我習氣為主，又因於傳播轉載的方
便，故出現所謂的網路霸凌與集體公審等事情。又當人們逐漸以如是的
行為視同常態時，以是，如何才能轉習氣惡念為純然的善心天性，實然
是需要增添更多的精進與意志力。即或有心修學佛聖大道，即或已然稍
具一點的善根與定力，但善選好的環境實然是不可或缺的一部份，要言
之，親近善知識，與同參道友彼此善護持、善護念，或才有可能在複雜
的境緣環境中，保有不退轉的念與行。

拯接一切的入世行

「四無量心，六波羅蜜，常得現前。四無礙辯，六神通力，隨心自在。以慈悲心，拯接一切。妙行莊嚴，過法雲地，入金剛心，成等正覺。」

一棵樹木的養成需數十年的時間，但教育則稱為是百年大計，要言之，如何成就一個品德、操守乃至能力皆具足的人才，實然甚為不易。唯此中，又以品德操守為第一，為人若能先具有好的人品，其他的相關能力是可以逐步被培養以成就。反之，若人品不佳，即或有能力，終將因其能力帶來更多的弊病，於此不可不慎重。

佛門的修行，是以成就自度度他、覺行圓滿為目標。是以能回歸人人本具的天然本性為究竟，要言之，在一切人事境緣的相處過程中，能無私無我的協助他人，能放下自我的名聞利養，能捨離自己的貪瞋癡慢的習氣，能拋離自我五欲六塵的享受，心行只有大慈大愛、大悲大捨而已，於面對自己的最後功課，亦只有無罣礙的安然身退而已。

唯若真能有所領悟於佛聖的心行，則即或已然能肯認純真的天然本性之外，實然更應在人事境緣中努力面對，要言之，所謂的修行，並非是自我安然於無事而已，實然是為利益人群之故，以是，將更積極於如何增加自我的各種能力，猶如諸佛菩薩具有「四無量心、六波羅蜜、四無礙辯、六神通力」等，如是，或才可謂是近於佛聖的修行之道。

十九、奉為魔王禮佛：願一切緣障，皆得清淨，一切罪業，皆得消滅

佛與魔的一念間

> 「今日道場，同業大眾。重復至誠，五體投地。奉為大魔王，
> 五帝大魔，乃至東西南北，四維上下，盡虛空界，一切魔王，
> 各及眷屬。歸命敬禮，一切世間，大慈悲父。」

在現實的世間中，存在著各種不同的差異相，而如是的界分，似乎也成為某一種常態，即使隨著社會的進步，已有更多的觀念被提出，如：職業無貴賤、人人生而平等，顯然，人們是有意識地解決不合理與不公不義之事，此亦可謂是人類邁往更為文明的方向。惟仍無法避免的是，人們在深固的觀念裡，仍存在著對於某些身分地位、職業收入等的嚮往與欽羨。於是，不同的等差，如何才能真實化解而平等視之，則待全體人類的共同努力。

於佛門的修行上，有佛亦有魔，唯所謂的佛與魔，實然只在一念間。若能以利他為重，則稱為佛；反之，若處處障礙、忌妒他人，乃至以破壞為滿足，如是則謂之為魔。然佛與魔皆是由人修證而成，以是，即或已然成佛，仍要再返身以度化魔王及其眷屬，此是佛的本懷與願力。

當越能體證佛的心量時，則即或面對習氣甚重的眾生，反更能以各

種智慧善巧與之相處。惟若自身尚無法擁有自在無礙的觀機能力時，或許可先由對其不排斥的心態入手，甚且為其默禱與祝福，當如是的心行能持續不斷後，則度化頑強的眾生，亦只是待機緣成熟而已。

➡ 魔不在外而在內

「又復歸命，如是十方，盡虛空界，一切三寶。願以慈悲力，
同加覆護。」

在現實的社會裡，有人富貴榮華，有人在路邊行乞，雖言富有其因，貧亦有其因，一切皆是個人的造作而成。惟無論如何，在人世間確然有其甚大的差異，且依於人的習氣而言，若能富貴則無人願意窮困，若能健康則無人願意生病，以是，若能成佛則無人願意成為魔。

古人有「周處除三害」，其所除的第三害就是「周處本人」，此乃是明理之人的所為，故周處的事蹟能廣為流傳。顯然，人不怕犯錯，就怕錯而不知悔改，且又變本加厲的為非作歹，若是如此，則牢獄刑罰終將成為其人的未來。如世俗之言：「不怕念起，只怕覺遲。」於一切的錯過罪中，有所謂的「不通懺悔」，要言之，若已然形成殺人的事實，則將無法挽回，以是之故，唯有在一起念的當下，即能覺知而制止之。即或面對甚為困難的人事環境時，則要能求助於他人，若自身能常有佛聖之教的修學，或才有可能降低且避免因於惡念而導致難以收拾的局面。

想來：在自身之上即有甚多的魔與魔眷屬，一念不覺即是魔，故魔不在外，魔就在自己的每個起心動念中，唯能降伏得了自己的習氣與惡心念，才可謂是大丈夫。於佛的尊號中，其一有「調御丈夫」，顯然，能調伏自己，能真正作自己的主人，才可謂是真自在。

緣障清淨與眾苦解脫

「願大魔王，五帝大魔，一切魔王，各及眷屬。無始以來，至
於今日。一切緣障，皆得清淨。一切罪業，皆得消滅。一切眾
苦，皆得解脫。」

　　佛自有其自在，魔亦有其不安處。在現實的社會裡，有人看似表面
風光，但內心卻總是惶恐難安。有人看似位居高層，但又總是害怕他人
的覬覦，以是，為要鞏固自己的地位，故無有不用其極的耍心機與謀
略。有人為求容顏的常駐，故終日溺陷在一小小的身軀與臉龐上，但其
終將抵不過歲月的彎刀，亦只能徒嘆青春不再、年華流逝。

　　在現實的世間裡，凡所有的存在皆有期限，不論是正處於高峰之
上，乃至正面對著人生的逆境，若能靜下心思，再仔細的觀照，實然將
有所發現：為人最無法掌握的就是時間流逝，但時間卻可成就一切的規
劃藍圖。此中，但求用心與盡心，若有過多的擔心與煩心，實然亦只是
自己在自苦而已。

　　如經文所示：「一切緣障，皆得清淨。一切罪業，皆得消滅。一切
眾苦，皆得解脫。」依於人的清淨本性，所謂的緣障、罪業、眾苦，實
然亦只是因於無明煩惱而產生的小水泡，若能放下一切的執著、分別與
妄想，則終將回歸清淨的大海。人世的每一場因緣相聚，皆如同每一個
小水泡，泡起而後成泡沫，實然是無法握在手中的，若因之而自苦與自
傷，亦只是自尋煩惱罷了！

善因善緣的相續增長

「四無量心，六波羅蜜，常得現前。四無礙智，六神通力，如
意自在。」

法界眾生本一共同生命體，即或眼前看似有無量無數的眾生，實然
亦只有一個生命體，要言之，若以為有無量無數的不同生命存在，此純
然亦只是一種錯誤的看法與認知。諸佛菩薩的知見與示現，就是以其大
慈大悲、大愛大捨以利益一切眾生，應於不同的時機因緣，故其有不同
的名號，當其一期的化緣已畢，亦只是回歸天然性海，融入大生命體
中。唯因眾生的無明妄想與分別執著過於深重，以是流轉生死而不得出
離，諸佛菩薩因不忍眾生受苦，故必然再重返世間以教化眾生，唯待一
切眾生皆能回歸天然本性，諸佛菩薩的願行才能究竟完成。

依於天然本性，實然是人人皆本具足四無量心、六波羅蜜等如意自
在，故以是而知：不論是入於三惡道，乃至成為魔王及其眷屬，亦只是
因於一時的無明造作。顯然，對於一切眾生而言，最為關鍵之處，是在
於如何將惡習氣種子，逐漸減少，使其漸次不再起現行，要言之，「有
因無緣，惡果不生」，即或有往昔的惡念習氣，若能使其不再相續，則
惡果自然不生。反之，若有善的種子，則要令其增長相續，才能產生善
果。此中，增長或不增長，相續或不相續，將成為回歸天然本性的重要
用功之處。

為度眾生而成佛

「行菩薩道，不休不息，先度眾生，然後作佛。」

觀諸佛菩薩的心行聖業，實然就是不忍眾生受苦，且以積極態度投入於各眾生界中。以是，凡有心於佛聖之道者，實然是不可隱遁避世的，即或須有個人的修行時間，只待時機成熟，終將要力行見道成道，與有緣眾生接觸，或一言、或一行，皆能引領其入於佛聖之氣氛與門道，此是修學佛聖之道者的必然心行。

依於經文所示：「先度眾生，然後作佛。」顯可得知：所謂佛，就是因於度眾生而名之，要言之，是為度眾生而成佛。惟在度眾生的過程中，所須具足的智慧、學問乃至慈悲與能力等，皆非一時一刻可成，故絕無有懶惰、頹廢、喪氣、懈怠的佛聖菩薩，只有積極、樂觀、有膽識、講道義的佛聖菩薩。學人當在此處多所用心，於個人專業能力的培養過程中，必須具有高度、廣度與深度的觀照能力，凡一切所行需要能與天性相應，是能增助正向的思惟與正行才可，反之，則即或可獲得甚多的名利，若與天性相背的則需斷然捨之。此中，將是考驗著學人的意志與判斷的關鍵時刻。

在現今環境裡，甚多的商品是可於短時間即獲取高利，但其背後所引發的影響層面卻甚少有人關注之。營造一清新正向的優質環境，是人人的天職天責，美好的未來是須仰賴全體大眾的共同努力。

二十、奉為國王人道禮佛：願天威振遠，
　慧命無窮，慈霑無際，有識歸心

感群體社會之恩

> 「今日道場，同業大眾。應奉為人道，一切人王，禮佛報恩。
> 又為父母師長，一切人民。何以故爾？若無國王，一切眾生無
> 所依附。由有王故，一切得住。大眾宜各起報恩心。」

　　在現今的民主時代，講求「言論自由」，於是，越開放的社會，其
言論自由的尺度則越大，此於某一部份而言自有其好處，可避免因於不
公不義之事被特殊原因而壓制下來。然所謂的言論自由，一旦成為不實
之事的傳播，則即或是號稱為民主的社會，亦將譴責如是的行為。

　　人是群居的動物，無有一人可以自己出生，自己獨立成長，皆須仰
賴父母乃至社會等資源而長大成人。尤其若要具備更多的相關能力，則
更非是一人或僅是少數一二人即可完成，要言之，任何人的成長過程，
實然來自於外在各種因素的養育完成。

　　依於經文所示：若無有國家、社會、父母，則一切眾生將是無所依
附的。對於一般常人而言，或較有可能的就是感受到來自於父母的照顧
與恩情，然於今而言，不知父母之恩德者卻也為數不少，於是，社會上
各種忤逆不孝之事亦時有所聞。顯然，即或是在高唱自由、民主的群體
裡，若缺乏感恩心與報恩行，如是的社會實非是人類的幸福。且為人一

且忘本，心中無有父母乃至社會、國家，如是之人亦終將深感孤獨寂寞與惶恐不安的。

報恩者得入佛聖之門

「經言：若能一日一夜，六時忍苦，為欲利益，奉報恩者。應當發起如是等心，習行慈悲。以是願力，念報國王，覆幬之恩。念報施主供億之恩，念報父母養育之恩，念報師長訓誨之恩，念報如來濟度之恩。若能至心，常念不絕者，如是等人，得入道疾。」

當科技的腳步一日千里時，當人們一再地開發更為快速的各種交通工具，乃至資訊速度的提升時，當人們可以時時緊盯螢幕即可與世界溝通時，當人們生活的便利程度，已然可少與人接觸，卻也可以安然度日之時，於是，漸漸出現的景況是：彼此可以在虛擬世界中無所不談，唯一旦見面時，卻又無話可說，以是，即或是面對面，卻是各自以手機彼此交談著，且由旁觀察之，亦似乎也聊得開心。如是看似令人難懂的人際關係，或許有人以為如是也無有不好。唯一旦遇到真正的困境時，能夠當下即伸出援手的，可謂少之又少，至此，或才有可能體悟，所謂的情義相挺，是需要人際之間的長期互動與關懷，絕非只是一場場、一段段的大肆聊天即可獲取。

如佛聖之所教誨，人之本在「孝悌」，而孝悌之本則在知恩、感恩與報恩。為人若能多感於來自於多方的恩德，一心只想著如何還報其大恩大德，則將如經文所示，如是之人將快速地入於佛聖之門。

護持安定規律的生活

「我等今日，既仰賴國王，於末世中，興顯佛法，種種供養，
不惜財寶，率土臣民，望風歸附。又令出家之人，安心向道。
皆願我等，速出生死，闡無量法門，開人天正路。而國王有如
此恩德，豈得不人人禮佛奉報？奉為國王，歸依世間，大慈悲
父。」

　　不論是任何階層的人，也不論目前所處的境遇如何，此中最為根本
的要件，就是要能有一安定次序的生活環境。顯然，若正生活於規律的
社會國家裡，此無疑是最為確幸之事。且觀長年處於戰爭的國度裡，一
切的建設幾乎成為廢墟，人民過著不知是否尚有明天的日子，兒童無法
接受正規的教育，如是種種的景況，看在生活於安定中的人們，則將更
為深度感慨。

　　以是，若能全體大眾，共同護持安定的社會國家，能夠上下一心，
共同為未來的目標而合作努力，此無疑更是幸中之幸，實然不應但為一
己之私，而破壞理應遵守的規範。尤觀於疫病流行的當下，若個人因於
防疫所帶來的些微不便，以是輕忽並鬆懈其傳播的快速，反造成全體大
眾更為惶恐的心情與生活，於此兩相考量之下，孰輕孰重自將有公斷。

　　唯有彼此能互助共成，才能營造共好、共善的生活，此無疑是全體
大眾的願望，而如是的目標方向，是需要仰賴全體的共知與共行，至
此，所謂「一即一切」，則已非只是一種理論，實然就是現前的生活環
境。

和諧互成才能永固安定

「又復歸命，如是十方，盡虛空界，一切三寶。願以慈悲力，
同加攝受。仰願當今皇帝，聖體康御，天威振遠，帝基永固，
慧命無窮。慈靄無際，有識歸心。」

人生在世，多則百年，即或成為帝王，雖言此乃是依於多劫以來的
行功施德所致。然依於佛法之終極目標，此仍不免是在六道生死中輪迴
而已，且一世的帝王，雖有其常人所難以享受的富貴，但為永固地位其
所用心恐亦非常人所可想像與承擔。

唯對於一方百姓而言，最為重要的就是生活安定，而生活是否得以
安定，終將取決於整體國家的運作，此中，領導人與其重要的部會首
長，將最具關鍵性。因此，在各種社群團體中，如何維繫全體的和諧互
成，終仍不離上下的同心同德所致。以是，如何建立接班人選，此乃是
自古至今的重要問題，即或是在帝王時代，太子的選拔亦常是國家的大
事。

於今雖有不同的選舉模式，但不變的是，仍須仰賴全體的共識與共
行，顯可得見，所謂的安定，所謂的永固，其根本法則仍在上下的和諧
互成。若當身處於下位者，但要能真心盡力為群體努力，亦要能感念上
位的困難與處境，同理，若居於上位者，則要將心思置於為廣大群眾興
利而勞煩，更要能多傾聽下位者的意見與提議。如是，或才可能避免因
上下互爭與對立，導致全體皆輸的局面。

為度眾生而速登正覺

「菩薩盛化，天人讚仰。四等六度，日夜增明。四無礙辯，樂
說無盡。得八自在，具六神通。三昧總持，應念現前。慈悲即
世，恩遍六道，萬行早圓，速登正覺。」

「佛」位的成就，是有其階次的，若以佛為最圓滿的象徵，則所謂
佛德就是一切智慧與慈悲皆當具足圓備無有缺漏。以是而言，佛是三界
六道群生的導師，其可統領大眾而自在無礙，其言音演說將使一切眾生
皆能各得法益，如是於佛德的描繪，實然是在說明：所謂的成佛，是必
將歷經度生與引導的能力與責任。

對於凡有心修學佛聖之道者而言，於初步若可能是因於受殊勝法義
所影響，而一心嚮往之，然佛聖之法並非是一門學術研究，其是實修實
證的功課。以是，學人終將由對於法義的領悟，而必要逐步入於群眾以
接引之，此中，所須具備的領導統合能力，將是必然的。即或領眾的過
程中，雖言千辛萬苦，但為眾生而甘願身心皆可拋，此乃是菩薩修學的
必要功課之一。

顯然，為廣度眾生，才能成為人生真正的動力來源，即或眼前看似
個人所呈現的能力有限，但亦將在如是的範圍之內，以逐步完成趣向佛
聖大道之行。以是而知：若無法真心為家人、為社會、為國家乃至為天
下，要言之，無法放下於自己的自私與執著，則將是離卻佛聖之路而
行。

二十一、奉為諸王王子禮佛：願身心安樂，妙算無窮，被四弘誓，善識根性

不必爭先的智慧與氣度

「今日道場，同業大眾。重復至誠，五體投地，奉為皇太子殿
下，諸王百官，各及眷屬，歸依世間，大慈悲父。」

在忙碌的現實世間生活著，確實是不容易亦不輕鬆，於自身而言，
必須配合著可能已為既定模式的一切相關事務與活動，而個人的學習能
力與成果，亦往往將成為被人評比的依據。此中，有所謂的身分地位，
有所謂的名聞財富，有所謂的研究發明，有所謂的特殊貢獻，如是種種
皆說明於人類群中，是嚮往著所謂為人的價值與意義。即或個人可能有
不同的生活方式與所謂的價值定義，但不可諱言的，於人類的世界裡，
終究是有其大抵的共同趣向。

對於現今的民主國家而言，如何選出下一屆的接班團隊，或各有其
不同的模式，但若不能在根本核心價值上努力與堅持，於是，所謂的選
舉，往往是紛爭的開端。顯可得見，當人們以為某一種身分地位是權勢
與財富的象徵，則即或選出所謂的頂尖人物或理想人選，其可能將成為
下一個被鎖定批評、攻擊的目標。如是的戲碼自古至今皆在上演著，則
人類的生活終將無法清淨與祥和。

不同之人各有其不同的人格特質，若能以各所擁有的能力以利益人

群，則任何的工作實然皆可心安理得，此理看似簡單，但又有多少人可以在紛爭的社群中安然自守呢！

心安理得的無價寶

「又復歸依，如是十方，盡虛空界，一切三寶。願以慈悲力，同加覆護。」

為人或通常有一種習氣，若是得見他人優於自己，內心總有淡淡的不悅，即或表面不露形色，但終將無法以真心態度祝福並學習他人。於是，出現在新聞媒體上的畫面，亦通常是身分越高者，其出入總是保鑣隨行著，且因其所擁有的地位與財富為考量，則其隨從人員亦總是一層又一層。如是看似風光的背後，實然是生活在極度的不安與惶恐之中。可是，如此的現象於今各國皆然如是，且人們更自以為是而言：某人並不代表其個人而已，其本人是屬於某一團體或社群的。當人們多以如是心態在安排進行著一切事物時，又如何能消弭互為對立與攻擊的狀態呢！

顯然，唯有人人能真然各以己能付出與奉獻為人生的價值，則居於上位或處於被領導者，實然皆只是善盡個人的能力而已。即或上下之位互換，亦只是隨當是時的因緣所成。且當人生稍有閱歷之後，或多少有些體悟，無論處於何種身分，實然皆是一時而已，若不能真心以服務他人為目的，則於他日將離開之時，仍終究難抵內心的起伏與不安。為人的一生，將於何時畫下句點，無人可以預知的，但唯有心中的坦然與無罣礙，才能成為自身隨行的無價之寶。與其多懷怨恨忌妒之心，不如將心思置於如何利人吧！

身心安樂才是人生的富貴

「願皇太子殿下，諸王百官各及眷屬，身心安樂，妙算無窮。」

現今熱門的電視劇大抵是：宮廷的攻略與職場的爭鬥，乃至婆媳的大戰等，如是的劇情，其收視率總是高居不下，於是，為營業收益的考量，不論是電視台或製作人，乃至導演、編劇等，無不絞盡腦汁在此議題上大肆的描寫與渲染。又再加上相關類似的談話節目，亦常邀請來賓現身說法，內容亦是在彰顯人際關係上的彼此對立與攻防。當如是的現象成為熱門討論話題時，只要時間再多延續，或許大多數人們將以為此是人生的正確。唯當人與人之間的互助互成已不被提起，若生活只剩下爭與鬥、怨與恨，想想如是的社會風氣，又有何人可以真實獲得安然與自在呢！

人們之所以熱此不疲於如是的爭鬥劇情，或許其是某一部份人生的縮影與寫照。亦或是人們在觀賞攻略與爭鬥的過程中，亦多少看到自己或是旁人的處境，亦或許透過電視劇情，可以獲得內心某一種的同感吧！總之，於中西文化中，亦多有著名的悲劇，或許，悲劇更能貼近人心，亦或許悲劇可以洗滌內心的憂傷。然若將爭鬥殘忍的劇情過於染著，導致觀賞者由劇而厭惡演員本身，顯然，人們在觀賞中是會有意無意地投入情感，且以為其是真實的。思及至此，則凡與人心相關的一切事物，又何能不謹慎再謹慎。

對未來的信心與希望

「行大乘道，入佛智慧，被四弘誓，不捨一切。」

　　人生雖言多有其不可被預知之事的發生，此中的悲歡離合是永遠在上演著。雖言或有甚多不同的觀念與思想在被討論著，然人類對於互助和諧、安樂和平總仍抱持著高度的熱忱與信仰。顯然，即或對於未來的不確定性，乃至或持悲觀的看法，但不可否認的是，對於如何營造更為美好的未來，始終是人類不變的夢想。或許因對於未來的憧憬，更或許在佛聖菩薩的教導之下，人類漸將品德教育置於較高地位時，以是，當我們看到有禮貌且善良的下一代，心中仍將對未來燃起高度的信心與希望。

　　佛聖菩薩與凡夫的最大差異在：佛聖菩薩要求自己力行實證，於是，日日時時檢討、懺悔、反省自己，以是終究成為明白人。反之，凡夫眾生容易因外在情境而牽動內心的習氣，且六根喜歡向外觀看，但見他人的錯過罪，於是，只知檢討別人，而自己則無有任何的過失，以是究竟成為糊塗人。

　　若依於經文所示：所謂的行大乘道，雖言是諸佛菩薩的願行。然若以人的天然本性而言，實然所有的人，其終究之行亦必然是大乘心行。要言之，為人若只想利益自己，此並非是天然本性，是因於多生多劫的習氣使然，當習氣漸次減輕後，自能將他人與己同等視之。與其哀怨人生苦多樂少或失去熱忱，不如多以成全他人為自己的志向。

教化的關鍵在孝悌

「四等六度，常得現前。六通三達，善識根性。具二莊嚴，神
力自在。行如來慈，攝化六道。」

人與人之間的相處，之所以衝突甚多，之所以常常會產生對立，若
歸結其癥結點，大抵與無法「善識根性」有關。且觀察所有的人際關係
裡，即或是令人甚感厭惡的人，其仍有擁護者，其或仍有刎頸之交者，
顯可得見，可謂的善人與惡人，此中或仍有其甚難以一分為二的界線存
在。以是，佛聖菩薩對於眾生的教化，於佛門之中，特別強調要能觀察
根機；於儒家則要求能因材施教。或可要言之，實然沒有教不好的人，
只是無法對應其特質，使其發揮最佳的良能。於此，則更能明悟為何諸
佛菩薩的一生示現，多以身教與言教以感化一方的眾生，使其能明悟為
人的根本之道。

社會上每天皆充斥著各種事件，表面觀之甚是錯綜複雜，實然問題
的關鍵點甚是簡單，一切皆在「孝悌」上，要言之，如何啟發其先天內
在本質的孝悌，當如是的本質能被啟動時，則其無論從事任何的工作行
業，且無論其所處的時空間為何，其皆將能利益廣大群眾，以是之故，
佛聖之教其根本內容亦在此關鍵上而已矣！世俗有謂：「教育是百年大
計」，唯教育的時機點甚是重要，只因為人大抵皆有先入為主的觀念，
以是，如何在幼兒之時，即能啟發其根本的孝悌，才可謂是真正的成就
一個人。

二十二、奉為父母禮佛：願一切眾苦，
畢竟解脫，結習煩惱，永得清淨

父母恩重，世實無二

「今日道場，同業大眾，次復應須思念父母養育之恩。懷抱乳哺，愛重情深。寧自危身，安立其子。至年長大，訓以仁禮。洗掌求師，願通經義。時刻不忘，企及人流，所當供給，不恪家寶。念深慮結，有亦成病，臥不安席，常憶其子。天下恩重，世實無二。」

人自出生、成長乃至得習學業、工作等，於整個人生的過程中，得自於父母的恩情與助力，實無法以三言兩語可道盡之。尤當自身開始工作後，將更能感受父母為養育子女與負擔家庭經濟，此中所須付出的艱難與辛勞，除能感同身受之外，亦更能體悟父母的深恩是終身難報。又尤當開始接觸年幼孩童時，才更知教育過程的不易與費心。以是，當自身漸成長之後，理應更為懂事與明理，不使父母為己操心，若有同胞兄弟姊妹，亦要能彼此學習與提醒，以營造一安樂、和諧的家庭氣氛，或才能回報父母深恩於萬分之一。

惟於今日，或因於物質過於豐富與取得容易，亦或由於為追求更舒適的物欲享受，以是，多數之人將最大部分的時間用於工作上，而家庭只成為短暫的旅舍而已。如是時日一久，雖可獲得物質生活的享受，但

精神生活與心靈生活卻缺乏不足。至此，或可深思：父母與子女的親緣，是無法被取代的，亦唯有「父子有親」，才能真正創造更為幸福美好的未來。

⊋ 以身行善立德為報父母深恩

> 「所以佛言：天下之恩，莫過父母。夫捨家人，未能得道，唯勤學業，為善莫廢，積德不止，必能感報劬勞之恩。」

佛聖的教育，其根本大德在「孝」，故佛門有《父母恩重難報經》，儒家有《孝經》，如是皆在闡明：若無法對於生養之情能知恩、感恩與報恩，實然對於其他一切事物，皆將無法善盡其真心實意。唯若依於年歲而論，親恩即或深重，終將有分離之刻，然子女若能以父母所給予之身，以行善立德、慈悲利他為主，實然是為真報父母之恩。故《孝經》有言：「立身行道，揚名於後世，以顯父母，孝之終也。」一切所有的生命，皆有其終期，若能代代傳承良善之風，如是才能真實有益於無數的後代子孫，唯有如是，才可謂是真實圓盡孝道。

在人的一生當中，於幼兒時期，大抵蒙昧無知，甚少能感知父母辛勞與恩情。當於青少年時期，或多忙於課業，且因於心性尚未完全成熟，若再加上同儕的牽引與影響，往往是令父母最為操心與煩惱的時期。當學業告一段落，其後或外地工作，或又再加上經營婚姻，所有的心力又完全轉移。如是再隔一段時日，當自身漸感年歲增加時，於此再細觀父母：或多已白髮蒼蒼，或多已體力衰微。或在此時，才猛然驚覺：父母已不復當年的身強力壯，於親恩相伴的時間也已然在倒數之中，於此，又如何能不欷歔呢！

同為眷屬的經生父母、歷劫親緣

「相與至心，等一痛切，五體投地，各自奉為有識神以來，至
於今日，經生父母，歷劫親緣，一切眷屬，歸依世間，大慈悲
父。」

感於佛法義的教導，深知一切親緣眷屬，皆是歷劫以來互為因果的
關係。故佛門強調「怨親平等」，要言之，現今所面對的一切人事環
境，不論是善緣、順境，亦或是惡緣、逆境，無不皆是同胞兄弟，實然
皆源於同一法性，以是，如何將怨與親皆平等視之，則成為修行的關
鍵。為人因有「隔陰之迷」（轉換一個身體，則完全不復前世的記
憶。）故多數之人，一皆以眼前的所依為設限，此或亦可謂是凡人之常
情，然如是的觀念與行為，亦將隨著年歲漸增而更加堅固難以化解之。

佛聖菩薩的眼光、心量與願力，自不同於凡夫，故能仰學佛聖大
道，此無疑是人生最大的享受。將可以與佛菩薩同一心量，行同一願
行，將原本自我設限的自私自利、自以為是、自恃己能完全化除之。唯
當能打開心量大門，當能寬闊眼界高度時，如是的人生，將展現不同的
風光、價值與意義，此是佛菩薩的境界，亦是佛菩薩之樂。人生的苦
惱，若細觀照之：大抵皆是源於自私自利所致。以是，若能依於佛的教
導，等視一切的經生父母、歷劫親緣，皆同為眷屬家人，或才漸有可
能，將自我窄小的心量打開，以注入佛光的遍照。

解脫與清淨就在現前

「又復歸依,如是十方,盡虛空界,一切三寶。願以慈悲力,
同加攝受。願父母親緣,各及眷屬;從今日去,至於菩提。一
切罪障,皆得除滅。一切眾苦,畢竟解脫。結習煩惱,永得清
淨。」

雖言親恩深重難以回報,但互為親緣眷屬的關係,亦是多生多劫於
輪迴生死中而導致的結果。於今,依於諸佛菩薩的教示,則唯有自身與
親恩眷屬皆能免於生死流浪,才可謂是真實回報親恩。否則,再一次因
情執而產生的煩惱輪迴,如是的一世又一世,若深思之:實感無奈與不
堪。不如仰仗諸佛菩薩的加持與攝受,祈求得令一切親緣眷屬,皆能了
脫罪障煩惱,以達「畢竟解脫,永得清淨。」

所謂的佛國世界,實然就在眼前,就在現現成成的現實人生之中,
以是,所謂的解脫與清淨,實然並非是於另一世界以求之。如何善用自
身的福報、能力與智慧以利益一切眾生,即或是面對逆境與惡緣,更能
深思懺悔反省自己,以保持正念正知、正見正行,不因於一時的瞋恨與
煩惱,而造成更大的錯過罪。要言之,真正的定力與智慧,實然就在生
活點點滴滴之中以求得,故所謂真正的解脫與清淨,實然就在每個當下
即可證得。且觀歷代的祖師大德們,無不以其親身為例,真實地表演予
後人觀看,學人若能以之為榜樣模範,則當有更多的心得與領悟。

親侍諸佛的長時修學

「長辭四趣，自在往生。親侍諸佛，現前受記。四無量心，六
波羅蜜，常不離行。四無礙智，六神通力，如意自在。得佛十
力，相好嚴身。同坐道場，成等正覺。」

為人若不能長時修習佛聖大法，一旦應對現實的人生，則大抵多以
本有的習氣處世，於是，當每個人各以所執與他人相處時，故世間的紛
雜與對立，怨恨與衝突，實然亦不足為奇。以是，所謂的修學，其重點
則在自身的努力改進與提升，諸佛菩薩無法以其聖水洗淨眾生的業障，
諸佛菩薩亦無法以其妙手拂去眾生的煩惱，以是，故有偈云：「縱使百
千劫，所作業不亡，因緣會遇時，果報還自清。」如是的警語，實然不
得不令人頷首與自我警惕。再要言之，若眾生無法一步一腳印，以意志
與耐心力行實證，則流浪生死亦終將是自受其苦，一切亦都是自作自受
而已矣！

如經文所云：「同坐道場」，能與諸佛菩薩同證得正等正覺，能與諸
佛菩薩同一心量與大願，能與諸佛菩薩同一慈悲與智慧，此即是與諸佛
菩薩同坐道場、同轉法輪、同度眾生。如是的文句敘述，誠然絕非是一
種妄想或口號，更非是遙不可及之事。諸佛菩薩已將法義與修證方法明
示，又有歷代祖師大德們的典範，為人若再無法珍惜光陰，將所剩的時
間用於精進修持上，一旦年老臨終之時，則一切終將後悔不及。

二十三、奉為過去父母禮佛：願隨念逍遙，遍諸佛土，行願早成，速登正覺

追報父母之恩永不止息

> 「今日道場，同業大眾。其中若有父母，少便孤背，難可再
> 遇，空想悠然。既未得神通天眼，不知父母捨報神識，更生何
> 道？唯當競設福力，追而報恩，為善不止，功成必致。」

人生際遇各有不同，有人出生於富貴家庭，備受寵愛；有人自小父
母早逝，依於其他親屬。即或際遇有所不同，但對父母的報恩之心，則
將是終其一生無有斷絕。若父母尚在堂上之時，能引導其修身養性，能
引導其悟明心性，能引導其了辦生死大事，能求得未來的投生之方，如
是，才可謂是真報父母之恩。唯若因於父母塵緣早謝，雖無以盡孝於
前，且又因於年幼無知，無法為父母設福供養，更不知「父母捨報神
識，更生何道？」此時，唯有自身能為善不止，將此善行迴向父母，則
將如經文所云：「唯當競設福力，追而報恩，為善不止，功成必致。」
此於儒家亦有：「生，事之以禮。死，葬之以禮，祭之以禮。」觀於佛
聖的教導，顯可得見，對於父母的深恩回報，誠可謂是：死生一如。

雖言：或有父母未盡養育、教育之責，更有父母因於惡行所致，使
子女蒙受甚多的壓力，或背負龐大的債務等。即或有如是的父母，若為
人子女以是而視父母為寇讎，或有終身不願與之見面，或不願於其年老

之時承擔照顧之責等。此於人情上，或有其難以言說之痛，但若深思之：唯有真實化解，才能獲得自我的寬慰與自在。

多生多劫的父母親緣

> 「經言：為亡人作福，如餉遠人。若生人天，增益功德。若處三途，或在八難，永離眾苦。生若值佛，受正法教，即得超悟。七世父母，歷劫親緣，憂畏悉除，同得解脫。是為智者，至慈至孝，最上報恩。」

世俗有言：「生時一顆花生米，大過死後豐厚的祭品。」此於人情上，確然如是。正所謂：「行善、行孝不能等。」當父母正在堂上時，日日歡喜的問候與關懷，此是最能安慰父母之心的。能親侍在前，勝過逢年過節的禮物，尤當父母年老無法自理時，不待子女的奉養，又能待何人呢？雖言，因於現今的環境，或子女需工作才能養家，以是，將照顧之責交予專人或機構，即或是情不得已，但仍須多探視與慰問關心。

佛聖於父母的孝養報恩上，除生之時，更要能「追遠」。要言之，即或父母已離世，更要能回報父母之恩，不論其投於何處何方，若為人子女能行善不止，則能為父母增益功德，使其所處因緣能更殊勝終得解脫。唯於父母親緣的關係之上，佛門所論更為深廣與細膩，因於為人在多生多劫的生死輪迴中，以是，則必有多生多劫的父母與眷屬，要言之，對於父母的深恩回報，實然不會僅止於一世的父母而已。若為人能抱持如是的心懷，不但能放下一切的情執，亦才能真實利益一切與我有緣的眷屬，同得解脫，故經言：此才是真正的智者，才是最上的報恩者。

一與一切互為關係

「相與今日，應當悲泣，追懷懊惱，鳴呼哽慟，五體投地，奉
為過去父母，歷劫親緣，歸依世間，大慈悲父。」

當人生漸近五、六十歲時，即或得能親奉堂上父母，然於此時，父
母亦大多年事已高，一生最深的親緣，則將彷如夕陽正在西下。然與其
多所感慨，倒不如把握所剩的時光，以為親恩眷屬注入最佳的下一場因
緣安排。此中，佛特為大眾開演淨土法義，諸佛淨土的示現是依於自性
的清淨所現，要言之，若能將心力致力於自性清淨的修持上，則自得見
佛淨土以進入之，此則實為必然。

唯於常人而言，要「奉為過去父母，歷劫親緣，歸依世間，大慈悲
父。」若不是因於長時修學佛法義之故，多數之人將以其與世情相距甚
遠，故難以依教奉行之。如是，實然亦不為過。至此，亦僅能奉勸大眾
必然於法義內容多聽聞、多思惟之，有朝一日或才有可能明悟諸佛菩薩
的教化深義。

「長江後浪推前浪」，此於物情是如此；於人事的「一代新人換舊
人」，更是不待多言。然一切生命的構造形成，則不可能完全憑空而
成，以是，若能多往溯源之道以探究之，或才漸能感悟所謂「一即一
切」之義，要言之，當越能追本源頭，則將越能體證個己與一切生命的
共同本質。以是，不論是「精氣為物」，或是「遊魂為變」，亦只是形質
的改變而已，生命本質則無分無別。

自滅苦則他滅苦

「又復歸依，如是十方。盡虛空界，一切三寶。願以慈悲力，
救護拯接。願過去父母，歷劫眷屬；從今日去，至於道場。一
切罪緣，皆得消殄。一切苦果，永得除滅。煩惱結業，畢竟清
淨。斷三障緣，除五怖畏。」

人生之所以能活得有意義、有價值，實然是因於能利益他人而產生
的動力。於今，或因於物質的豐富，一般人或多可以生活不愁衣食，然
如是看似無憂無慮的生活，卻無法滿足心靈上的富有。於是，甚多的有
志之士，卻心甘情願致力於無私且不求代價以利益他人，此無疑就是人
性中本具的德能。要言之，雖看似出錢出力又無有實質回報的生活，反
能給予心靈上最大的幸福與回報。凡是依之而力行實證者，自能領會其
中的真諦。

顯然，為人的真正幸福，實然是無法僅止於自身而已，其必然是能
將層面向外推擴。以是，由自身的現世父母，乃至過去父母歷劫眷屬
等，一皆能使其一切罪緣與苦果永得除滅。要言之，一旦為人心思能致
力於歷劫的父母身上，如是之人，其亦必用心於自身的煩惱斷除，以得
畢竟清淨。亦唯有自身能滅苦，才能滅除他人之苦。至此，或將更能明
悟佛聖菩薩教導後人孝親於歷劫父母之緣由，實然亦唯有如是，才能真
實斷除自身的我執與法執，亦唯有如是才可謂是真報父母之恩德。

以清淨本心盡除煩惱

「行菩薩道，廣化一切。八解洗心，四弘被物。面奉慈顏，諮
承妙旨。不起本處，盡諸有漏。隨念逍遙，遍諸佛土。行願早
成，速登正覺。」

雖言親恩深重，然大部分的父母，其對子女的期待，亦大多是關心
在世俗的成就上，例如：身體健康、學業順利、謀得一份好的工作，而
後成家生子，如是地再複製父母的一生，若依於人情而論則大抵是如
此。除非，父母能修學佛聖法義，對人生有不同的見地，否則，一旦子
女願追隨法義以行持一生，則甚少有父母是可以雙手贊成並予祝福護持
的。其因大抵無他，實然就是無法認清多生多劫的事實真相，故執於一
世的俗情而難以放下。

人生的煩惱，可謂層層疊疊，然若細觀照之，則煩惱實然是可以減
輕的，其關鍵則在：對於已然過往之事能「不住」而已，例如：不論是
稱譽或譏笑，不綸是讚美或毀謗，亦不論是榮或辱、得或失，每個當下
亦只是剎那的當下而已，然於常人而言，最為困難之處亦即在此。對於
早已消逝之事，卻又念念不忘，而且重複拿出來咀嚼，於是，越想越
氣，越想越不甘心，以是，本已事過境遷，卻在一再地翻騰中，反加深
更多的瞋恨與憤怨，想想：煩惱的起因實然就是自己造成的。故經文：
「不起本處，盡諸有漏」，「本處」意指是人人本具的清淨本心，此是為
人先天的真實住處，若能住於如是的清淨本處，則自可淨除一切的煩
惱。

二十四、奉為師長禮佛：願菩提行願，
皆悉具足，不捨本誓，還度眾生

引領出離生死的深恩大德

「次復應念師長恩德，何以故爾？父母雖復生育我等，不能令
我速離惡趣。師長於我恩德無量，大慈獎喻，恒使修善。願出
生死，到於彼岸。每事利益，令得見佛。除煩惱結，永處無
為。如此至德，誰能上報？」

父母生我、養我、育我，此恩此德終身難報，然如經文所慈示：
「父母雖復生育我等，不能令我速離惡趣。」細思：在多生多劫的生死
流浪中，與父母之緣，終不離是為報恩、報怨、討債與還債的互為因果
而來，若不能善用此生，將彼此之緣提升為法緣、道緣、佛緣，則將又
難逃來世的業因牽扯。以是，色身雖由父母而得，但法身慧命則需仰賴
師長的引領教導。

回觀一生的成長過程，此中必然得遇甚多不同類別的師長，最多的
是來自於求學中的師長群，各依其專業而教授課程，如是的師生關係，
大抵可謂是「經師」；或亦能於其中得遇「人師」，除課業之外，更有生
活上的提點與關懷，此於人生已屬難能可貴。然於人生而言，最為難得
的是，能得引領出離生死，能永除煩惱，能得令自見本性的「恩師」，
如是的大恩大德，則如經文所示：「誰能上報？」

當人生開始自寫傳記時，通常再回首往日前景，誠然可謂是恍如一場夢。再觀當年共處的人與事，實然就是人已去、事已遷。以是，人生若不能有師長的引領，則將更為惶惑不定。

自度度人以報師恩

> 「若能終身行道，止可自利，非報師恩。所以佛言：天下善知識者，莫過師長。既能自度，亦復度人。相與今日，幸得出家，受具足戒，此之重恩，從師長得。豈可不人人追念此恩！」

短暫的一生，所想擁有的終將是留也留不住，所能掌握的一切亦只能暫時使用而已，物質是如此，色身更是如此。當年過耳順之歲後，色身的衰壞已然更為明顯，且一日一日的增加其速度。故常人有言：「兒孫自有兒孫福，不為兒孫作馬牛。」實然就是在提醒：若將心力置於帶不走的一切人事物上，其終究將是一場空。

佛門特重善知識，若細分之：有教授善知識，有同事善知識，有護持善知識，要言之，能成為同參道友，能共成聖業大事，如是的善緣、法緣最為殊勝，故言：「天下善知識者，莫過師長。」誠然，若僅求自度自利，雖有其益，但若不能推及於他人，則不但是師德無以回報，於父母之恩亦將如是。

所謂於佛聖之教下修學，不但是自身要能用功去除習氣與煩惱，更要能見道成道以成全他人。凡得遇有緣人，則要能善將所聽聞、所學習的心得與之分享，使其亦能覺之、改之並提升之，以共往佛聖之道前進。如是的自度度人之行，本是為人天性自然的流露，於今，仰賴師長

之恩德，得能更為明確地以誠以行，則自能感通更多的有緣之人。

師生關係的提升

「相與至心，等一痛切，五體投地，奉為和尚阿闍黎，同壇尊
證，上中下座，各及眷屬，歸依世間，大慈悲父。」

　　在現今的教育體系中，不同科目各有不同的授課老師，且隨著年級
的增長，再加上於今更講求多元的教學方案，於是，由本具特定核心課
程的科系，漸進地走向不分系，要言之，不但可以跨系選讀，且為資源
的整合更可以跨校修學。如是的師生關係，大抵建立於以知識的傳授為
主，此中，或亦能得遇專業課程有名望的教師，但若要有形同父子或朋
友的情誼，則是為不可多得。

　　惟細觀自身整個的教育過程，當於年紀尚幼之時，於師長是多所敬
畏的，此時的師生關係，多需仰賴師長的主動關懷。當稍具有主動求知
之時，則除課業的解惑之外，亦大抵是與師長有所距離的。以是，若能
如經文所示：廣為師長及其眷屬歸依諸佛菩薩，則如是的師生關係，將
可由知識的傳授，轉為法緣與道緣，且以同證菩提為共同所歸，如是的
關係將可生生世世。

　　再觀現今因於資訊的發達，相關的知識可以在網路世界裡取得，人
們又提出「知識經濟」之論，要言之，知識的取得是甚為容易方便的。
當如是的情景已成現況時，則所謂的師生關係，恐將更難在僅是知識的
傳授中求。然當人際關係看似廣面之時，但亦意謂著心靈導師的不易尋
得，此或亦是現今最大的難處。

以智慧斷煩惱

「又復歸依，如是十方，盡虛空界，一切三寶。願以慈悲力，
同加攝受。願和尚阿闍黎，同壇尊證，上中下座，各及眷屬；
從今日去，至坐道場。一切罪障，皆得清淨。一切眾苦，悉得
解脫。一切煩惱，皆得斷除。」

在五倫關係中，與血緣有關的有三：父子、夫婦、兄弟；沒有血緣
關係的有二：君臣、朋友。有血緣關係的，或有時發生口角或爭執，然
血緣的關係終究不變。若是沒有血緣關係的，一旦產生心結或不信任，
其關係大抵是難以維持下去。以是，對於與師長的關係，如何能保持之
間的永固情誼，此中的分寸則須仰賴雙方的智慧與慈悲。依於經文所
示：若能心心念念祈求師長及其眷屬，能將一切罪障、眾苦與煩惱，皆
得斷除以得清淨解脫。唯有如是以報師恩，才能使師生情誼純粹與延
伸。

菩薩於修學過程中，重要的功課有六：布施、持戒、忍辱，此三者
是為修福德；精進與禪定，此兩者則是開智慧的鑰匙，要言之，前五度
皆是為智慧作準備。在一切關係的維繫中，亦終將不離以智慧為主。即
或是最為重要的五倫關係，若無有智慧為之前導，不但有可能將本是最
為天倫的關係破壞殆盡，更甚者或將導致家庭的慘劇。歷史是一面明
鏡，且觀此中的恩怨情仇，亦多由最為至親的關係開始，學人又怎能不
依於佛聖的教導，又怎能輕忽智慧的修習呢！

財法施皆無量無盡

「隨念往生，諸佛淨土。菩提行願，皆悉具足。財施無盡，法
施無盡。福德無盡，安樂無盡。壽命無盡，智慧無盡。四無量
心，六波羅蜜，常得現前。四無礙智，六神通力，如意自在。
住首楞嚴三昧，得金剛身。不捨本誓，還度眾生。」

若對於佛法無有如實的認知，則通常會以為凡想求生淨土者，其目
的是為求得個己的逍遙自在，此誠然是誤解如來真實義。但凡欲求往生
淨土者，其必須先用功於一切求生淨土的條件完備，要言之，信、願、
行缺一不可，此中又以精進用功於貪瞋癡慢疑的淨化最為關鍵，因唯有
純淨之心才能與淨土世界相應。且「一即一切」，故凡能往生淨土者，
則必能再隨其心淨而前往所有的諸佛淨土。同理，心淨者，必能相感於
眾生的所須與所求，則必然再返歸眾生界以行度化之事，此是諸佛菩薩
的本願、本行。

且觀所歷經的一切人事境緣，終將多所感觸：人生恍如一場夢境，
當再回首前塵往事，或印象深刻，或淡然模糊，或早已不復記憶等；且
再思及當年所在意與所堅持的，或多可能只會啞然一笑而已矣！至此，
或才有所覺醒：人生的真實意義到底為何？想來：唯有將最相應於人性
的良知良能展現，並以此引導一切的眾生亦能傳承於世世代代，得令永
世的一切眾生獲得真實的自在與幸福。以是，「不捨本誓，還度眾生」，
是為生命的當然。

二十五、為十方比丘比丘尼禮佛：願行菩薩行，入一乘道，度脫無邊，一切眾生

捨凡入聖的難能可貴

「今日道場，同業大眾。以斯禮拜之次，重復增到。五體投
地，普為十方，盡虛空界，現在未來，一切比丘、比丘尼、式
叉摩那、沙彌、沙彌尼，各及眷屬；又為十方，盡虛空界，一
切優婆塞，優婆夷，各及眷屬。」

人生若無有佛聖之教，生活將更感苦悶與煩惱。在人事的各種糾葛
之中，若不能具有高度的智慧與觀照，一旦落於彼此的紛擾、對立與爭
鬥、計較，則人生的無奈與憂鬱將更增一分。以是，若能有願為正法弘
傳而努力住持者，實然是應得令人同感讚嘆的。於佛門中，若願捨除世
俗凡情，以出家的身分住持於佛門中，實然是等同將佛法義示現在世
間，如是之人，不論其未來的修行如何，其如是的精神已屬難能可貴，
又若他日修行有成，能廣度無量眾生，則其受天人供養亦為應然。

尤其處於物質豐富的環境中，雖願放下世緣，一心為廣度眾生而精
進努力，然若無有廣大的願力與意志，亦極容易在修行的中途而起退轉
之念。以是，對於能捨凡入聖者，能行自度度人者，更應興起護持之

行，使其更能專心一致為正法

傳承而廣興大慈大悲，不但利益人天大眾，實然更為後代生生世世的子孫，能得更為自在安然的生活。與其多感嘆人生的無常與煩惱的眾多，不如依於佛聖之教而自行化他，則將更為踏實與可貴。

一切功成皆歸眾生所有

「復為從來，信施檀越，善惡知識，有緣無緣，各及眷屬；如是人道，一切人類，各及眷屬；今日以慈悲心，普為歸依世間，大慈悲父。」

人既出生於世，則不能無有眷屬，若以更為廣面以論之，則一切眾生實然皆是互為眷屬的關係。以是，若自己得有任何的成就，實然亦是一切眷屬的功勞，故老子有言：「功成、名遂、身退，天之道。」老子以天道廣施恩惠於一切大地眾生，卻不要求眾生有任何的回報與代價，以此說明：人既為三才之一，則自當效法天地之德，以為眾生服務是本分事，能功成而身退，將一切的功勞回還眾生，將一切的榮耀皆歸天地所有，如是，才能應合為人的天然本性。

在一切眷屬的關係中，若細觀之，此中是有緣深與緣淺之分。或有人與父母親緣甚淺，故有遺腹子，亦有年少即成孤兒等。或有與兄弟手足緣深者，不但同校就讀，且一路相伴至成長，其後又一起開創經營事業等。惟不論因緣的深或淺，若能彼此祝福，若能把握每一個因緣的當下，皆以正向意念與行為相處，此實然就是「一即永恆」。為人或多少會計畫著未來，乃至於對未來世、他方世界的冀望等，如是皆各具含有其深義。然若能於每個當下，即或是甚為短暫的因緣，皆能互為行持的

成全，則一切的眷屬關係，或才能化惡緣、無緣為善緣、法緣。

 ## 將大願化為行動

> 「又復歸依，如是十方，盡虛空界，一切三寶。願以慈悲力，
> 同加覆護。」

對於人情而言，當自身已然充足之後，再將有餘以施予他人，此大抵是常人之所行。然常人亦多容易溺陷於此小我、小私之內，若無有佛聖的典範為榜樣，若無有長時的聽聞與修習，常人是甚難由私己的小圈圈中超越而出。以是，即或在人類的歷史長流中，能永成世界的榜樣，亦是屈指可數。雖言如是，然人類的文明是永遠在向前推動著，每一時期、每一區域，各有其所要面對的問題，但此中的關鍵則在：欲令未來的世界更為美好，則可成為每一時期、每一區域、每一個人努力的方向目標。

當個人所能擁有的能力與智慧，當所能募集的資源與力量更為龐大時，唯當此時，則理應為廣大的眾生以謀得更為安樂、和諧的利益。即或個人的力量甚是微薄，即或在當是時無法改變大多已成的知見，但只要能符合真實的人情、人性之事，只要是能為更廣面的眾生以行事，則當相信：真理是必然可被伸張。

為人大多想安然住於舒適圈中，也大多不願成為第一個發起人，也大多不願有太多的承擔等，然如是的心態，雖言無有大過，但實然卻與真性不相應。真心本性無有自私自利，更無有煩惱與恐懼，也無有貪瞋癡慢疑等，以是，與其多談理念與想法，不如將其化成具體行動更為實際與有意義。

解脫之道在於「不住」

「無始以來，至於今日。一切煩惱，皆得斷除。一切緣障，皆
得清淨。一切罪業，皆得銷滅。一切眾苦，皆得解脫。離三障
業，除五怖畏。」

若觀照人生的煩惱，大多在於「住」與「執」：明明是已然過去的
人事物，卻又心心念念無法忘懷。以是，當懷想過去的善緣與順境時，
往往又將前塵往事再一次搬上眼前，除再度地沉溺於其間，實然是又再
增添一分的情執而已。同理，若是回首以往的惡緣與逆境時，當其時的
瞋恨又浮上心頭，此無疑是對自身最大的再次傷害。以是，如《金剛
經》的教導：「應無所住而生其心」，若細思之，此無疑就是最佳的解脫
之道。一切人事物本是遷流變化而無有停歇，以是，當下生即當下滅，
此確然如是。惟如是看似容易瞭解的真理，常人卻又多數難以做到，故
有言：「真理可以被瞭解，但情執卻無法忘懷。」要言之，修行的關鍵
實然就在每個當下，若能依教奉行以每個當下的「不住」，然又能於每
個當下同時保持清淨本心的「生其心」，則確然是可以漸脫塵勞煩惱
的。

修行不同於學術討論，其要求的是確然實證，並於實證中確然獲得
「煩惱輕、智慧長」。人生雖言短暫，但若能自修行又能影響以度化大
眾，共往正確的人生方向以進，如是的人生，確然是可以無憾的。

入一乘道的堅定心志

「四無量心，六波羅蜜，常得現前。四無礙智，六神通力，如
意自在。行菩薩行，入一乘道，度脫無邊，一切眾生。」

且觀在人生的過程中，大抵多有其眼前短暫的目標，乃至訂定有一
較為長遠的方向。總之，無論處於任何的狀況之下，人們於心中總是懷
抱著對於明天寄予高度的冀望。然又一如世俗所言：「人算不如天算」，
又言：「計畫總是趕不上變化」，於是，本有的目標方向，亦總隨著時空
境緣的改變而一再地修正，以是，當漸至中、老年時，當豪情壯志已然
消退時，於此當下，若不能有堅定的心志，則通常是以得過且過的心態
度日而已。

惟於佛聖的實證修行上，其大方向是甚為明確的，此於儒家而言，
則必然是以「兼善天下」為目標；若以佛門而言，則是必然要達至「入
一佛乘」為終極。要言之，不論人生的過程如何地變化不定，亦不論人
生是否已達生命的盡頭時，如是的心願與目標方向，是絕然堅定不變
的。此不但是佛聖菩薩的心行，實然更應是凡有心修證者必然需效法的
心態。人生的殊勝可貴不在於色身生命的長短，重要的是所能彰顯人性
的大愛與大美到底有多少，一世之身當有其盡，但精神的恒持卻可相續
不斷。生命本無常，時間不待人，為人最需改變與提升的就是自己，也
就在現前的當下。

二十六、為十方過去比丘比丘尼禮佛：願常得見佛聞法，行菩薩道，勇猛精進

等視一切的階位名稱

「今日道場，同業大眾。重復至誠，五體投地。代為十方，盡虛空界，一切過去比丘、比丘尼、式叉摩那、沙彌、沙彌尼，過去優婆塞、優婆夷；廣及十方，一切人道，一切人類，有命過者，各及眷屬。今日以慈悲心，等諸佛心，同諸佛願，普為歸依世間，大慈悲父。」

人生難免生老病死，也總是在悲歡離合中，以是，若不能善用此生以提昇自己的心靈境界，當一世的生命劃下句點時，難免又再繼續於生老病死、悲歡離合的輪迴中。惟若能發心立願以廣度眾生，如是，則即或一世因緣結束，亦必將再以如是的心行乘願再來，只因眾生尚未度盡，以但為廣度群生而來，如是的生生世世，如是乘願再來的人生，才能確然超脫世俗的塵緣牽扯。

既有無量無邊的眾生，就有數不盡的諸佛菩薩，乃至所有一切過去的比丘、比丘尼、式叉摩那、沙彌、沙彌尼、優婆塞、優婆夷等，凡所有曾歷經修行過程的一切大德們，其曾如是的發心大願，實然皆得令人

敬佩的。

今日的小沙彌，就是明天的大法師，一切的修行階位名稱，實然亦只是一時的，即或今生已然得證果位，但所有的再來人，一皆當從最低階層再逐步往前進，亦可言：一切皆將從零開始。今日的徒弟，或許就是前世的師父，不論是師或徒，亦不論是聖或凡，實然亦只是角色的互換而已。

善護念、善護持的人生

> 「又復歸依，如是十方，盡虛空界，一切三寶。願以慈悲力，救護拯接。願過去一切比丘、比丘尼、式叉摩那、沙彌、沙彌尼、各及眷屬；又願過去一切優婆塞，優婆夷，各及眷屬。」

若細心觀察：每個人實然皆有其特質，此或亦可言就是前世的習氣與記憶的流露，以是，即或是同胞的兄弟姊妹，即或在同一師門學習成長的師兄弟，彼此所修習的增進程度亦相距甚遠。或許可於此稍有領悟：若不能善用此生，以改變自己的不良習氣，並提昇自己的戒定慧，則實然亦無有未來可預期。故有言：「今生不向此身度，欲待何時度此身。」顯然，把握現前的當下因緣，確然決心的改變自己、提升自己，才是關鍵中的關鍵、根本中的根本，否則一旦時間流逝之後，一切的懊悔亦是惘然。

即或有無量的過去與未來，但關鍵是現在，與其雜思過去與妄想未來，不如善護念、善護持現前的每一個心念，直往正向目標以進，如是的待己，亦要如是的待人。此中，最為根本的重點是：對於自身的天性要能使其保持在純淨純善上，於己如是，於一切眾生更要如是。可由與

己最為親近的家人開始，當面對幼兒乃至家中長輩等，一皆要能時時以身作則，於一切的言行舉止上，皆要能展現人性的光明正向面，以徹底掃除不善的心念與言語。

對地獄與餓鬼道的觀照

「若有地獄道苦，今日即得解脫。若有餓鬼道苦，今日即得解脫。若有畜生道苦，今日即得解脫。離八難地，受八福生。永捨惡道，長生淨土。」

有關是否有地獄與餓鬼道，對於常人而言，或以為此乃是一種迷信，或以為其可警惕眾生不敢為惡，唯不論所持觀點如何，在現實的世間中，地獄與餓鬼實然早已現現成成就在眼前。在人群的團體中，若無有法規戒律的制訂，實然是無法促成團體有秩序的運作，要言之，亦唯有更具高效率以執行共同制訂的規範，才能營造更為和諧的社會。此中，若有違犯規約，則必將接受法律的懲戒與處罰，於是，所謂的監獄即在各社群中皆然出現。即或在於今講究民主自由的社會裡，法律的制訂與執行，更為是大眾的共知與共行。以是，監獄是否存在，若對於守法者而言，有亦等同無，不但不可見亦不可入，除非是特殊身分者，如：監獄管理員或志工等。

再觀在現實的世界裡，即或資訊科技有極度的發展，即或國際貨物的往來甚是方便，但因於各種人事環境等，亦有基本物質、醫療等極為短缺的區域，其恍若被世界所遺忘。以是，即或有某區域眾生正在挨餓受凍中，但於另一他方國度的人民，卻為過多的剩食與物質而傷透腦筋。將此兩相對照，本為同一地球，卻有完全不同的生活條件，凡有心

者，皆當有所感觸。

以「無盡」心態以待一切群生

> 「財施無盡，法施無盡。福德無盡，安樂無盡。壽命無盡，智
> 慧無盡。四無量心，六波羅蜜，常得現前。」

世俗有言：「宰相肚裡能撐船」，宰相位高權重，其所能享用的福德，當非一般人可以想像。正因其所居之位與所擁有的智慧與德能，誠然是超越常人甚多，以是，其當可為常人所不可為或難以為之事，唯正因如是，故其眼界與心胸自當不同凡人。惟對於一般之人而言，若能三餐溫飽，兼可以養家，大抵亦多可以自豪。然若細思之：如是的人生，表面看似無有過失，亦可得多數之人的贊同，但或因於所思與所念的範圍甚小，於是，在得過且過的生活中，又蘊含著無法言說的淡淡閒愁。以是，諸佛菩薩的示現，實然就是在說明：唯有廣為眾生而生活、而存在，則不論所處人事環境為何？所能擁有的福德資源有多少？但當具有一顆「無盡」布施的心，則其智慧生命亦將是無盡的。

人自一出生之後，即開始要面對死亡，以是，對於人生的終究「有盡」，此無疑是一般的常識。然或許因於對「有盡」的恐懼，導致或有人抱持著及時行樂的心態，亦或有人於無常、於生死多感憂鬱，然如是的心態，實然皆是無法明悟：色身只是暫時的一工具而已，唯真性本是無盡。然如何以「無盡」的眼界與心胸，入於永劫生死的度眾中，此即是佛聖與凡夫的差異所在。

三輪體空的如意自在

「四無礙智，六神通力，如意自在。常得見佛聞法，行菩薩道。勇猛精進，不休不息。乃至進修，成阿耨多羅三藐三菩提，廣能度脫一切眾生。」

對於人生而言，最好的祝福就是「如意自在」，惟所謂的如意自在，若以為是因於外在的一切人事物皆然恰合己意，則將終生亦無法如願。於諸佛菩薩的教導中，雖言因於不同根機之人，所要修行的功課亦各有所不同，然此中，有一重要的關鍵則在「三輪體空」。有關三輪體空的修行，若是對於他人有所助益之事，或許較易達至如是的境界。例如：布施的修行，能放下有一「我」在布施，也能放下有一「他」在接受布施，乃至更能放下有一「物」可被布施，如是看似三方皆然可放下，但真正的主要關鍵仍在自身，要言之，所謂的如意自在，實然不在外而在自身上。

唯對於修學者而言，較感困難的，應是遭逢逆境時的心態，例如：在受屈辱的當下，是否仍可達至三輪體空，實然就是一大考驗。或有人可以在當下忍住其氣，但於事後卻仍耿耿於懷。即或事隔多年之後，當落謝影子一旦再度被翻騰時，是否已然雲淡風輕呢！還是仍有一股怒氣以細數前塵往事呢！亦或是內心的不平不滿更勝於當年呢！以是，當越能反躬自省時，則將發現：所謂的修行，絕非口上談談而已，更非不露聲色而已，關鍵在內心的波瀾起伏或風平浪靜。

二十七、為阿鼻地獄禮佛：願捨地獄生，
得淨土生，捨地獄命，得智慧命

善有善報、惡有惡報

「每言萬法雖差，功過不一。至於明闇相形，唯善與惡。善者，則謂人天之勝途。惡者，則謂三途之異轍。修仁義則歸於勝，興殘害則墜於劣。其居勝者，良由業勝，非諍競之所要。受自然之妙樂，趣無上之逍遙。其墜劣者，良由業劣，處於火城鐵網之中。食則鐵丸熱鐵，飲則沸石烊銅。壽算踰於造化，劫數等於無窮。」

世俗之人或有言：「我不相信因果」，然所謂的因果，實然就是現象界的一種呈現，以是，不論信或不信，眼前所見的一切差異現象，就是最為真真實實的因果呈現。唯諸佛菩薩於此的教化甚深、甚細、甚微，然如經文所示：「萬法雖差，功過不一。至於明闇相形，唯善與惡。」要言之，因果的呈現雖有其錯綜複雜的關係存在，然大抵不離於行善與造惡兩大因素，此正所謂：「善有善報，惡有惡報。不是不報，時候未到。」既有前因，則必有後果，然在由因至果的中間，所加入的各種助緣條件，才是決定最後的成果。

此章是為阿鼻地獄的眾生禮佛，所謂「阿鼻」，義譯為「無間」，要言之，所受之苦，是無有間斷的。佛言：「法界眾生與我同為一體」，又

言：「情與無情，同圓種智。」不論是有情識的眾生，亦或是無情識的木石，其與我皆是同體，皆是由我的真性所變現的。以是，即或是阿鼻地獄的眾生，亦當生起救拔之心，為其禮佛以求出離無間之苦。

疑惑不善是苦中之苦

> 「又地獄之苦，不可親嬰。神離此軀，識投彼城。報以刀輪加體，償以火磨毀形。命不肯促，抱苦長齡。縱復獲免，又墮餓鬼。口中火出，命不全活。從此死已，又墮畜生。復受眾苦，肌肉充饋，命不盡於算數。分布鼎鑊，星羅機案。或復負重致遠，驅役險難。實三惡之重苦，悲長夜之難旦。而優劣皎然，無能信者。以吾我故，好起疑惑。以疑惑故，多不向善。」

世俗有言：「好花不常開，好景不常在。」此乃在說明：凡眼前看似美好的現象，實然皆是曇花一現。若能於此有所領悟，則凡眼前即或正處於一切善緣、順境之時，亦要心中多存拂逆困厄之想，此並非要學人有負面的思想，而是要能居安思危，如同老子聖人「禍福相倚」之論。對於人生而言，雖言苦難甚多，但若遭逢久病纏身、窮途潦倒等，此無疑是困境中之困境。然即或得遇如是的景況，則更要能深明因果之理，唯有以更具耐心、意志面對之，亦唯有思想觀念能不沉溺於負面之中，亦唯有居於積極心態，才有翻轉人生的可能性。否則，若因於一時看不開、想不透，以步上悔恨的不歸路，則其後果恐將更令人難以堪受。

如同經文所示：「神離此軀，識投彼城。」凡人遭遇難以處理之事，或是無力為之，總想一走了之，以為只要遠離此地，一切事情即可

化解，細觀此段經文，盼能予後人多一層的思慮與謹慎。

深觀入惡道之因

> 「所以佛言：世有十事，死入惡道。意不專善，不修功德。貪
> 著飲食，如彼餓虎。耽戀酒色，喜懷瞋毒。常習愚癡，不受人
> 諫。自任其力，辦諸惡事。好殺眾生。陵易孤弱。恒黨惡人，
> 侵暴他界。有所宣說，言不真實。不慈一切，起諸惡業。若人
> 如是，不久存世，死入惡道。」

為人一世，可以因於己力，嘉惠一方。同理，亦可以因於自身的貪
瞋癡慢疑等，而造成他人極度的痛苦。佛門即或論述地獄之苦，但如同
經文所示：「死入惡道」是自有其所造之因的。要言之，入善道或入惡
道，不在外而在己。凡只想貪圖自身的榮華富貴，不願廣布恩惠以利益
他人，如是之人，即或擁有千億資產，實然亦只是一串數字而已。或只
想恃自身的權勢以驕人，卻不願扶弱助貧，如是之人，即或居處極位，
亦將成為真正的孤家寡人。

且觀整個宇宙的運轉，日夜流轉，四季更迭，如是明明白白的示
現，已然在說明：一切的人事物實然是無法永恒不變的。如是的天道真
理，實然是要學人能醒悟：擁有者則當協助匱乏者，上位者則要照顧下
位者。觀天道的自然流行，則人事亦然如是。且再細思之：人一旦捨報
之時，所有之人皆是兩手空空，一分一毫也帶不走，既然如此，又何不
當在自身尚具有使用權時，善將自身的能力、智慧、福報以廣施於眾
生，唯如是的心念則將可隨識而往。

自利利他彼我無異

「如佛所言，誰能免者？既不能免，於地獄中，皆有罪分。大
眾各各覺悟此意，毋自放逸。宜與時競，行菩薩道。勤求諸
法，利益眾生。一自滅罪，二生他福。此則自利利他，彼我無
異。相與今日，起勇猛心，起堅固心，起慈悲心，度一切心，
救眾生心，至坐道場，勿忘此願。」

若問：「宇宙起於何時？」佛門之論是：「當一念不覺時，即有宇
宙，有宇宙即有因果報應之事。」要言之：一切的現象皆自性而生，自
性與現象的關係，則恍如是「隱與現」的關係。如：《六祖壇經》所
論：「何期自性本自具足」，此即是「隱」；又言：「何期自性能生萬
法」，此即是「顯」。故總言：「迷於一念，止於一悟。」有關宇宙人生
的事實真相，佛門於此談論甚深、甚細，故所謂的因果報應之說，其內
涵亦是甚廣、甚微，以是，所謂的因果之論，亦非信即有，不信即無的
二分別法。

宇宙緣起的當下，我已然存在，且萬法皆由自性所生，以是，凡一
切所見現象，無不皆是我的自性所現，唯其關鍵則在「一念不覺」。如
經文所示：地獄之分，無人能免。若能覺悟此意，則為人的一世，實然
無有可以放逸、安享的時刻，實應起精進心，將自身的習氣毛病，對治
再對治；於眾生則要慈悲再慈悲、成全再成全，若不如是，亦實然無有
個人的前程可言。

實地實際的現前救拔

「仰承十方，盡虛空界，一切諸佛，諸大菩薩，大神通力、大
慈悲力、解脫地獄力、濟度餓鬼力、救拔畜生力、大神咒力、
大威猛力，所作利益，所願成就。令今日受苦眾生，即得解
脫，畢竟不復墮於地獄。一切罪障，悉得銷滅，畢竟不復作地
獄業。捨地獄生，得淨土生。捨地獄命，得智慧命。捨地獄
身，得金剛身。捨地獄苦，得涅槃樂。」

　　觀照人生之苦，大多起於為己過多，當心思全置於自己的工作與家
庭上，此於人情本是無可厚非，但細思之，一切的痛苦與煩惱，亦大抵
不離於此。反之，若能放下以個人的利益為主，將大部分的心思置於為
大眾無私的服務，如是，則個己的煩惱幾可降至最低。例如：甚多令人
敬仰的外籍人士，千里迢迢來至臺灣，且特別選擇偏鄉地區，收容大多
數為人所不願照顧的各種重症病人，其一生的犧牲、付出與奉獻，當其
年老之時，則選擇返回其原家鄉，不願為臺灣增添任何的一點麻煩，如
是的心思，如是的行為，實然令人敬佩再敬佩、讚嘆再讚嘆，他們以實
際的行動，為我們作真實的示現。

　　觀現前苦難的眾生，不論是因於戰亂的流離失所，亦或是因於環境
的疫病、饑饉，乃至為求生存而導致的各種精神疾病等，若要細數人生
之苦，實難一語道盡。唯無論如何，保有正向之心與正向之行，亦才有
離苦得樂之期。

二十八、為灰河鐵丸等地獄禮佛：願憶 地獄苦，發菩提心，同出火宅， 至於道場

自作自設與自困

「今日道場，同業大眾。重復至誠，五體投地。為灰河地獄、
劍林地獄、刺林地獄、銅柱地獄、鐵機地獄、鐵網地獄、鐵窟
地獄，鐵丸地獄、尖石地獄。」

佛門於地獄景況有甚多的描繪，不論是文字乃至圖畫等呈現，其要
旨無不是在警惕世人，種何因即得何種果。即或同名為地獄，但其間又
各有其不同類別的細分，要言之，依於不同的造作之業，即入不同的地
獄。然既名為地獄，則所受之苦，實然皆是人間所難以想像的。唯有關
地獄的場景，或有多數之人，選擇不願相信之，甚至是不願聽聞之，此
中之因，大抵若依於人的眼界，則將是無法透視明白的。

唯若誠信諸佛菩薩的法語真言：「萬法唯心所現」，則所謂的地獄，
實然就是吾心所變現之。試想：在日常生活中，對於一切的感知程度，
無不皆取決於心。例如：若瞋心重者，則自將遭受自己的瞋心所腐蝕。
又如嫉妒心強烈者，亦時時在嫉妒中而度日。同理，傲慢心堅固者，亦
終將生活於自設的高牆中。如是的其他一切皆然如是。

　　凡有見識者，必然能在經文中得到啟示，而不是選擇逃避，或不願面對。在為人的一世因緣中，不論身處何種地位，亦不論其才智能力等，凡有所作，或可欺瞞世人，唯就是無法欺騙自己的心。與其害怕地獄的述說與呈現，不如謹慎於自己的言行與舉止。

以菩提心等視一切

　　「如是十方，盡虛空界，一切地獄。今日現受苦，一切眾生。
　　我等以菩提心，普為歸依世間，大慈悲父。」

　　依於人的天性而言，人人皆本是清淨的，亦皆本然是幸福、歡喜的，更是和樂、和諧與合群的。要言之，所謂的地獄之苦，實然並非是天然本性所呈現的。唯一切的關鍵則在一念不覺，當此一念迷惑後，則亦隨其因緣再逐步增入各種的作為條件，於是，由惑造業，依業而受苦，如是的惑、業、苦輪迴不已之下，則無邊無數的地獄亦如是由然而生，此理亦甚為當然。思及至此：顯然，地獄是本來無有的，既然本是無有，則亦代表將可使其退除的。當自我信心建立後，則努力改往修來，則成唯一之路。

　　人的天然本性，如同大海般，是一整全不容分割的，唯此才是我真實的本來面目。然於今，卻執於個己的小水泡，且將心力全然關注於此幻化不實的小水泡上，卻又無法深觀小水泡是如此地短暫不真實，豈不哀哉！

　　佛為大眾開演地獄之義，實然是要眾生能以回歸天然本性為要，以是，凡一切地獄的眾生，實然皆是我的同胞兄弟姊妹，此為學人首要提升的見地，是為關鍵中的關鍵。且觀地藏菩薩發廣大心願，以救拔地獄

眾生為天職天責，如是的示現，實然是在喚醒大眾，唯有放下我執、我慢，才能真實得見真如本性。

眼界崇高與腳踏實地是一非二

> 「又復歸依，如是十方，盡虛空界，一切三寶。願以慈悲力，
> 同加救拔。」

佛以一大事因緣故出現於世，此一大因緣即是為眾生「開、示、悟、入佛之知見」，要言之，眾生要能先建立如佛一般的見地。佛的見地（思想觀念）是以一切眾生皆與我同體，故諸佛菩薩盡其形壽但為眾生得離苦，不為自己求安樂，此即是諸佛菩薩的心行。然眾生我執、我見、我慢、我固深重，以是凡事皆以我的利益為中心，一切思考乃至行為皆是自私自利，此即是眾生產生惑、業、苦的根本原因。又依於儒家之論：「君子喻於義，小人喻於利。」如果人人自小即被灌輸教導行事要講求道義、恩義，如是的社會、團體才能出現君子；反之，若自小即凡事講究自私自利，則世間將出現小人。顯可得見：所謂的君子與小人，實然只在一線之隔。不論是佛或儒，其根本中心皆在如何改變人的思想觀念乃至言行舉止。

有關於「同體」之「理」的論說，佛門特於此天然本性的寂然不動、清淨平等有甚多的描述，其目的是要學人能先建立崇高的眼界，具足廣大的心胸，能等視一切萬物萬類皆與我同體平等。唯即或能先建立崇高的眼界，但是否即可以在人世的各種處境中，皆然能同體大悲，此實然尚有一段甚為遙遠之路。故眼界的建立，實然需輔以腳踏實地的入眾服務，才能確然成就心與行的相應不二。

永除苦業唯在自己

「願今日現受灰河等地獄，受苦一切眾生，皆得解脫。一切苦
果，永得除滅。地獄道業，畢竟清淨。」

在現實的人世間中，即或在看似政治、經濟、教育等，皆甚為進步
的社會裡，或仍有街友的出現，亦或是貧病的獨居者等，總之，不論造
成如是景況的原因為何？大抵皆是一人一故事。當貧窮、重病降臨，當
日常生活幾乎無法自理，當所有的親友皆已然離去，當四處流浪以地下
道為家，如是的種種，對於一正常人的生活而言，此無疑就是地獄之
苦。即或有社會福利團體的協助，即或有慈善基金會的介入，然總感人
力與資源不足，又似乎無有根本解決的辦法。但凡為進步文明的社會，
總積極於如是的景況能漸次減少乃至於無，故亦有提出「掃貧」計畫的
構思，唯待一段時日後，似乎亦不了了之。

因果是最為公平的，種如是因，必得如是果。以是，窮苦潦倒、負
債累累、疾病纏身、眷屬遠離等，若細究其因，實然皆必有其前因後果
的。要言之，所謂苦受，實然皆由自造而有；同理，若想樂受，亦必然
由己入手。於當心念起無明之時，若不能以佛聖之教為所依據，但想自
身的利益，但想發洩自心的情緒，無法深具同理心，無法居處於他人的
立場為考量，則即或能逞得一時之快，然怨仇之結早已深埋在彼此心
中，想來：苦果確然是由自己所造成。

憶苦是為帶領他人同得離苦

「捨地獄身，得金剛身。捨地獄苦，得涅槃樂。憶地獄苦，發
菩提心，同出火宅，至於道場。與諸菩薩，具成正覺。」

凡人所求無非希望能事事如意，然人生卻又無法如是的如願，亦可
言：甚少能得見有一事事皆能順遂如意的人生。要言之，人生大抵是苦
多樂少，唯對於苦與樂的觀照與態度為何？才是最終決定人生真正的苦
與樂。如經文所示：「憶地獄苦，發菩提心，同出火宅，至於道場。」
人生也或許曾歷經過苦痛、煩惱，唯關鍵在能轉得出來，一旦能得出離
於苦，以此經驗與人分享，並協助他人如是出離之，則之前所受的苦，
誠然就是今日成為利他的寶貴資源。

　人生如何由苦轉樂，根本的關鍵在以何種態度面對之。例如：欠下
終此一生亦難以償還的龐大錢債，此時若是選擇遠走高飛以逃避於海
外，如是表面看似逍遙輕鬆，實然內心終將生活在無有間斷的良心煎熬
中，且今生不還，來生則必將是本金再加上利息，想來：不如真誠面對
之。於是，提起精神，協商還債計畫，只要能真心誠意地一分一毫的償
還，當時日一久，一旦能得債權人的信任，則即或看似償還不清的錢
債，亦能有淺露一絲良心安然的曙光。又如：若是因於對方的情感生
變，只要自身的道義無虧，此時，唯有以更開闊的心胸面對，將生活重
心略轉移之，亦終將發現世界實然是廣大遼闊的。

二十九、為飲銅炭坑等地獄禮佛：願以慈悲力，同加救拔，畢竟不復，墮於地獄

無有因緣則不相應

「今日道場，同業大眾。重復至心，五體投地。普為十方，盡虛空界，一切地獄：飲銅地獄、眾合地獄、叫喚地獄、大叫喚地獄、熱地獄、大熱地獄、炭坑燒林，如是等無量無邊眷屬等獄。」

世俗之人於內心或多有天堂與地獄之分，且多喜歡談論天堂的景況，而害怕甚且不願聽聞與地獄相關之事。然若能於佛聖之學多有修學後，則將明悟：天堂與地獄實然皆是由自性所變現的。要言之，所謂得見諸佛接引以往生其淨土，實然皆是由自性所產生的唯心淨土與自性之佛，此即如禪宗六祖惠能大師所慈示：「何期自性能生萬法」。以是之故，即或如經文所描繪有各種不同地獄之名，若於一位未曾犯與之相應之罪的人而言，要言之，若無有因緣者，實然亦無法得見之。

於今，若能信持萬法由自性所生，則即或如《地藏經》於不同地獄多有所描繪，實然予學人更是一種警惕，而非是一種恐懼與擔憂。且依於《地藏經》所述，若有家親眷屬因造作故而入於地獄，若能得蒙孝子

賢孫予與興作佛事，亦能減免其罪。要言之，與其害怕入於地獄而遭受其苦，不如依於諸佛菩薩與祖師大德們的教導，能興起精進勇猛之心以自淨本性，並將如是的一切功德皆予迴向法界一切眾生，以是同得了脫生死輪迴之苦，以得親近自性淨土是為要務。

以平等之心現觀一切

「今日現受苦眾生，我等以菩提心，普代歸依世間，大慈悲父。」

若細觀照自身的煩惱，除因於自身的病苦所致之外，大抵不離於與最親近的家人、同學、工作伙伴等的相處關係。如佛門所言：「怨從親起」，有親則有怨，無親則無怨。正因於至親的關係，則對彼此總有過多的期待與要求，一旦無法如所願，以是由親而轉怨，更是世俗常見之事。唯若能自我多所檢討，則將發現：實然皆是自身的貪欲之心無法被滿足，以是所產生的瞋恚之心。要言之，如何對待越是至親之人，實然更應具有平等之心，然此並非是放任之，而是因其勢而導之，多表關懷並提供意見，但又勿需過多的干涉與擔心。

人生最難能可貴的，就是將自身的能力與智慧無私地奉獻予眾生，且不圖個人的名聞與利養。至於，所能興作之事的範圍有多廣，與所能嘉惠的人有多少，於此，若能多些隨緣，少些攀緣，實然將更為自在與滿足。要言之，不論是面對至親的家人，乃至地獄道的眾生，若能多以平等心待之，則於至親之執將漸次能放下，同理，對於看似遙遠的他道眾生，亦能有所關心，如是，將促使自身更趨近於真如本性本具的真誠與平等、正覺與慈悲。想來：自身的煩惱實然皆源於自心的不平等所

致，愛與恨往往就在一念之隔，如何恒轉私執為平等，是為諸佛菩薩的
教化核心。

以苦為師的真義

> 「又復歸依，如是十方，盡虛空界，一切三寶。願以慈悲力，
> 同加救拔。願飲銅等地獄，現受苦眾生，一切罪障，皆得銷
> 滅。一切眾苦，皆得解脫。」

為求於人生能更具有圓滿的定慧，以是，各宗學門亦各有其不同的
修行方法與過程，唯不論是依於何種的修行法門，無非是想藉由修行以
達於身心和諧安然與和樂自在。對於常人而言，衣食的匱乏是最直接的
問題，凡若有心修行者，其所需面對的就是生活的安排。且觀釋尊當年
以王子身分出家，其所有是「三衣一缽」，其生活是「日中一食、樹下
一宿」，如是的現身說法，即是在演示大眾：簡單的生活，於常人看似
煩惱，然唯此才是獲得身心安然的第一步。

由釋尊當年的放下王位，但求出家修苦行，此於現今物質豐富的常
人而言，誠可謂是難以深悟其中的真義。試想：雖言人生的煩惱與痛
苦，是無法盡數之，然大抵不離身與心的問題而已。以是，所謂的修苦
行，是先以身的受苦為入手，當身苦其亦必然連帶於心的感知，為人一
旦能於身心具苦之下，亦能不動搖其修行心志，於此，才有可能再更進
一層，於面對外在一切名聞利養的誘惑之下，亦皆能如如不動。要言
之，身心的以苦為師，僅是修行的入手處，其終極目標在圓滿一切的德
性，以達身心真實的安然自在，是為究竟處。

翻轉人生就在一念之間

「從今日去，畢竟不復，墮於地獄。捨地獄生，得淨土生。捨
地獄命，得智慧命。」

在各種的志工群中，有反毒大使，其中有曾經是吸毒者，而後經過
家人、社會等各方面的協助，以是由吸毒而成為反毒。當其現身為反毒
進行宣導時，正因其曾經有如是的過程，因此，其演說實然可謂是更具
說服力。例如：當毒癮發作時，全身則有如萬隻小蟲在啃咬著，痛苦的
程度是只想當場以頭撞牆。又：毒品所帶來的危害，因其對膀胱所導致
的損傷，有可能是必須終身包著尿布。然亦由其所說明的戒毒歷程，正
因是其親身的經驗，故格外能令聽講者有所警惕，亦能增強正在戒毒者
的信心。如是的反毒大使，實然可相應於經文所慈示：「捨地獄生，得
淨土生。捨地獄命，得智慧命。」

人生是否幸福快樂，實然就在一念之間。所謂翻轉人生，亦在自己
的一念而已。例如：千年的幽谷，只要點亮一燈，黑暗則已然遠去。人
生所最要警惕與把握的，就是當下正確的一念心。若已然行走於正確的
方向上，千萬不要一念的迷惑，而導致其後痛苦不堪的人生。同理，知
錯則要能及時悔改，則自能由負面翻轉為正面。即或經文論述淨土與地
獄，唯此兩者看似有天淵之別，但關鍵卻在自己的一念心，要言之：一
切外境實然皆在自心上，實然皆不在外。

智慧善巧的如意自在

「四無量心，六波羅蜜，常得現前。四無礙辯，六神通力，如
意自在。出地獄道，得涅槃道。等與如來，具成正覺。」

　　為人不可無有佛聖的教導在引領著，只因個人的習染過重，只因對
於外境的誘惑缺乏抗拒力，只因害怕獨處故多有攀緣心，只因與人群相
處多以己意為主，凡如是的種種，若不能有甚為強而有力的時時提醒與
修學，而想面對現今當前的人事境緣，能不走向偏邪之路，亦屬不易。
且觀現前所能見到的種種環境，有因於各種犯罪而被關於監牢，刑期各
有不同，亦有終身監禁的。再觀各式的大小醫院、診所、藥局與衛生單
位等，人們所要面對的各種病症，實難以估算之。又如各種相關於法
務、警務與訴訟等單位的存在，亦足見人們大小紛爭的層出不窮。要言
之，為人若想得以安然自在的生活，此中，所須的智慧、福德、慈悲與
善巧等，實然是要更為圓滿與周遍。

　　凡有心修學佛聖之道者，第一步是要能破除凡關，即是對於世俗的
名聞利養與五欲六塵的享受等，皆要能看得開、放得下。唯當放下世俗
的種種情緣時，於此，並不代表人生從此消極頹廢、如是空空而過，若
如是解者，則確然是不明白佛聖之道的真義，以是之故，第二關則是要
破除空關。當確然由凡轉修學佛聖之道，於此過程中，尚須破除於聖道
的執著，以是，唯有離卻凡關、空關與聖關，才能得見真我本來面目。

三十、為刀兵銅釜等地獄禮佛：願刀兵眷屬等獄，受苦眾生，即得解脫

刀兵劫起於屠門聲

「今日道場，同業大眾。重復至誠，普為十方，盡虛空界，一切地獄：想地獄、黑砂地獄、釘身地獄、火井地獄、石臼地獄、沸砂地獄、刀兵地獄、飢餓地獄、銅釜地獄，如是等無量地獄。」

世俗有言：「欲知世上刀兵劫，但聽屠門夜半聲。」且觀現今的全世界，為爭領地，為爭主權、資源，為爭各種的利益，乃至為文化、宗教等而爭，於今，即或在號稱地球村的時代，世界上所謂的大國、強國，其所爭就是世界的領導權。以是，各國無不費盡心力，無不挖空心思，想方設法以個己的強項向全世界進行威脅與恐嚇，在如是的狀況之下，於是展開各式各樣的戰爭，除有刀兵的戰爭之外，更多的是貿易戰爭，乃至想以核武為籌碼，向全世界進行勒索以獲取其所欲求。

觀以上的現今世界局勢，此乃是「果」，但其「因」又為何？同理，依於經文所示：整體法界有無量無邊各式各樣的不同地獄，此即是果，但其因又為何呢？當人們日常習以屠殺其他物命以滋養己身，此中實然已種下無量無邊的怨仇與報復。且依於佛聖之教：凡含血氣之身者，皆眷戀己命，即或是螻蟻亦然如是，故有：「見其生，不忍見其

死;聞其聲,不忍食其肉」的警示之語。顯可得見,一切爭奪、痛苦的
根源,必先由口腹之欲為入手,當世上的殺伐減少時,也就是世界漸漸
趣向和平之路。

道義的受學與力行

> 「今日現受苦眾生。我等今日,以菩提心力,普為歸依世間,
> 大慈悲父。」

依於佛聖之教:「人不學,不知道。人不學,不知義。」為人自出
生以後,時時刻刻皆在學習模仿著,此中,父母可以說就是孩子的第一
位老師,而家庭亦可謂是終身的學校。顯然,父母與家庭所營造的氛
圍,對於學齡前的孩童可謂是最具有影響力的。然當孩童入學乃至漸次
成長之後,於現今的大環境裡,是大多以各種專業科目為主,即或亦有
相關「倫理道德」的課程,亦往往流為考試科目之一,且亦多不受學生
的重視。在如是的學習環境之下,若不能依於具有高瞻遠矚的父母乃至
師長的引導,而想要在一切以利益為導向的大染缸中,能如蓮花出污泥
而不染者,誠然可謂是難中之難。

人於年少之時,總有甚多的懷抱與理想,唯一旦投入於大環境的習
染之後,如何才能常保那一顆本清明之心,此中,實然是不可遠離於佛
聖之教的。然在一切以利益為主的工商社會裡,對於佛聖之教,是否能
真實信服,則將攸關往後力行的堅持與不疑。佛聖之教是實證之學,是
要依教奉行的,當實證與力行越確然堅實時,則己心的安然與悅樂,亦
已說明一切。道與義是為人先天本具有的天性,而奉行道義就是天性的
自然流露,要言之,唯有力行道義,才可謂是恢復成為一正常之人。

符合人類的蔬食之道

「又復歸依，如是十方，盡虛空界，一切三寶。願以慈悲力，
同加救護。願刀兵等一切地獄，眷屬等獄，受苦眾生，今日即
得解脫。」

對於全世界而言，2020 年將在人類歷史上，有其不可被抹滅的紀
錄，這是一場無有任何一地方、一個人可以不受其影響的。人類所要對
抗的是看不見的病毒，即使已歷經一年，即使人類有高科技水準，有良
好的醫療設備，有醫術精湛的醫生，即或已有疫苗的問世，但病毒的變
種速度，卻遠遠快過於人類的各種技術，顯然，在這一場幾乎令全世界
快要撐不下去的戰役中，人類到底又得到多少的省思呢！

當確診人數已然突破一億人數，當死亡人數已達上百萬人時，即或
疫苗可以產生效果，但若不能由根本問題入手，則人類將永遠被各種病
毒追著跑。依據各項的研究顯示，人類本與各物種之間，雖有其共生於
同一地球的關連性，但仍各有其界限與領域，如是本各得其所、各安其
份的生活，實然是人類與一切物種之間最為天然的保護層。唯當人類過
度開發其他物種的棲息地並侵犯之，亦可言，當人類與各物種的距離更
趨近時，則人類感染來自於本為物種的病菌，亦如是甚為輕易轉移至人
類身上。以是，甚多的有識之士，已然在大聲疾呼：最為有效且快速的
方法，就是當由改變飲食入手，而蔬食就是最符合人類的飲食之道。

生命與生命的平等尊重

> 「一切眾苦，永得除斷。離地獄緣，得智慧生。憶地獄苦，發
> 菩提心。」

一場全世界性的疫情，得令全世界同感痛苦與緊張，即或是經濟大國，即或擁有核武想以此宰制全世界，當在疫情大流行之下，全然皆要放下本自以為是的自傲與自豪。當醫療系統即將崩潰，當屍體來不及掩埋，當防疫廢棄物不知如何妥善處理，當又發現病毒的變種又再變種時，如是種種的痛苦指數，亦可謂就是地獄的生活。即或各國、各地方所染疫的程度各有不同，但當各國開始封鎖邊境，當航空被迫減少班次，此中，所影響的層面實然是方方面面，其所連帶牽動的範圍更是已然超越想像。

人類是深具智慧的，在全人類的共同努力之下，這一場世紀大疫情，相信終將是可以度過的，但人類如何依於經文所示：「離地獄緣，得智慧生。憶地獄苦，發菩提心。」顯然，期待能早日脫離今日如地獄般痛苦的生活，是全人類共同的盼望，但如何才能維持更為長久的安然之道，此中，則需仰賴更為大多數之人，能於今日的疫情中，深度地記取教訓，並身體力行於環保、蔬食、愛地球、尊重一切生命的新生活，唯有如是或才能根本解決問題。生命的存在是最為寶貴的，更是無法被取代的，愛惜自身的生命，可謂是一切生物的本能，當人類能更自愛與保護一切的生命，相信世界將更為美好。

欲達心源淨，須知我相空

「行菩薩行，不休不息。入一乘道，滿十地行。皆以神力，還
接一切。同坐道場，具登正覺。」

佛門於修行的階次上，各宗雖有其內涵的不同，然欲證得無上正等
正覺則為一致，亦可言，唯成就佛道是為究竟，故總稱為「一乘道」，
其餘的修行階次，皆只是佛的方便說而已。對於有心修學者而言，若能
多所精進與修習，於本性清淨的本來面目，雖即或尚未能如理證得，但
或許是可以被肯認的。顯然，此中，最難以突破的，就是對於「我相」
的執著，要言之，即或能肯認自性本源清淨，但若不能觀照現象界的無
常、空，實然是無法真實回歸清淨的本來面目。

或許可以自我檢視：當瞋恨心一起時，此時，只有自己在受瞋恨之
苦，且如是之苦是無法被替代的。同理，若起愛欲之心，亦是自己在
「獨生獨死，獨去獨來」，一切的苦樂，皆當自受。當能如是地反覆於
自我起心動念上用心，則將發現：淨土宗以一句「佛號」，不間斷地持
誦於日常生活中，如是的修行方法，實然是最為方便且可隨時力行之。
或許，學人會有一疑惑：越專注於佛號上，才越發覺自己的雜念很多。
然此並非代表之前無有雜思念想，只因心思已習慣處於散亂中，故於起
心動念而毫無所覺。於今，唯當更專注於佛號上，才更能體證確然是心
源本清淨。

三十一、為火城刀山等地獄禮佛：願以佛力，令諸眾生，永斷十方諸地獄業

人類的和諧源於善待天然環境

「今日道場，同業大眾。重復至誠，普為十方，盡虛空界，一切地獄：火城地獄、石窟地獄、湯澆地獄、刀山地獄、虎狼地獄、鐵牀地獄、熱風地獄、吐火地獄，如是等無量無邊，眷屬等獄。」

對於人類的生活而言，隨著文明的日益發展，所須的工具亦日新月異，人類更善用科技以利用各種的天然物質，於是，不論是火、風、水皆可成為發電的天然資源。除此，人類更挖掘更多的礦物，以使用於一般民生用品，甚且是藝術裝飾等，要言之，人類得自於大自然的資源恩典，可謂是無法細數。唯當人類過於以自身的利益為設想時，以是，無視於天然資源的寶貴與難得，導致本可為人類帶來的便利生活，亦可能轉為人類的災難與浩劫。例如：極端的暴雨、強烈的颱風、因極度乾旱所導致的森林大火等，如是的景況，與經文中所陳述的各種地獄是為相應。

顯然，所謂的天堂與地獄，已然不是信與不信的問題，而是其已實

實然然就擺在眼前。若對世界環境與局勢稍有關心者，實然就能體會所謂的天堂與地獄的差別。例如：同遭受疫病流行的影響，各國的際遇各有不同，即或各有不同，但為共同對抗之，則全世界無一國家可以置身事外的。要言之，唯有人類能更善待一切的天然資源，人類才能與環境共生共好。

轉習染之氣為清淨本性

「今日受苦眾生。我等以菩提心力，普為歸依世間，大慈悲父。」

對於有心修學佛聖之道者而言，通常最感困難的，就是習氣的改變與提升。例如：傲慢習氣重者，因其早與習慣其說話方式與行事態度，以是，其對旁人所造成的壓力與困擾，其通常是無法自知的。且又當其位高權重時，若想使其由傲慢轉為謙和，是甚為不易之事。除非，其因傲慢而導致人生由高峰被罷退下來，此時，若有懺悔之心，或才有改變的契機。故如世俗之言：「小時了了，大未必佳。」又言：「少年得志，大不幸。」如是之語，皆在警惕傲慢心的滋長是其來有自的。人的習氣皆是在不知不覺之間而逐漸養成，以是有言：「三歲看大，七歲看老。」要言之，嬰兒自一出生，即在大人的一舉一動之中而模仿與養成其習氣，以是，父母就是孩童的第一位老師，也可以說是永遠的師長。

雖言庭教甚為重要，但當孩童逐漸長大成人，以是，其所受影響的層面亦將更為廣闊。要言之，如何善選環境，又如何才能遠離原先的惡友，皆是一重要的課題。此中，關鍵在己的意志力要更多些，若自身無法提振精神以走向光明之路，旁人即或有再多的規勸，亦多效果不彰。

故如經文所言的「我」、「我等」，顯然，亦必然先由己為入手，才有可能轉習染為清淨平等。

於靜中的另一發現

「又復歸依，如是十方，盡虛空界，一切三寶。願以慈悲力，
同加攝受。願刀山等地獄，今日現受苦眾生，即得解脫。」

對於全世界而言，2020 年是一得令全人類皆有同感的特殊之年，無人可以倖免於疫情的影響之下。因於人類的活動受到甚大的限制，於人類而言或許叫苦連天，然科學家卻於此同時有另一發現：即地球變安靜了，於此，才能發現早先無法測知的地殼震動況狀。要言之，唯有更為沉靜之時，才能發現更為細微的聲音。於環境是如此，於人事更是如此。當資訊往來已過於頻繁與氾濫時，人們也早已習慣沉溺於網路的世界裡，不論是因於工作上的需要，或是因於無聊而想打發時間等，人們已然將大多時間置於各種電子產品上，只要動動指頭，一切日常的食衣住行等，幾可以透過網路而解決之。

然正如科學家的發現，當地球變得更為安靜時，才能測得更為微細的震動。同理，當人們時刻充斥著來自各地的資訊，乃至沉溺於各式的遊戲軟體裡，如是的自己，是時刻皆處於在緊張的起伏當中，以是，我們對於外在一切人事境緣的接受，大抵多以第一時間的情緒為反應之。如是，不但無法體察他人真實的心意與需求，往往亦更容易造成彼此的隔閡與誤會，為人一旦缺乏同理、善解與包容，則因於人事所產生的苦惱亦將隨之而起，故佛聖之教總不離「定、靜、安」。

依於佛聖之力的寶貴經驗

> 「乃至十方不可說一切地獄，現受苦，當受苦，一切眾生，願
> 以佛力、法力、菩薩力、賢聖力，令諸眾生，同得解脫，永斷
> 十方諸地獄業。」

一切生命皆有其本能，就是對於本身生命的愛惜與不捨，以是，一旦發生想提早結束生命的情事，則當要思其背後的原因與所遭遇的困境。若細觀一切的生命，誠然都是獨一無二而不可被取代的，若因於不可被預測的外境，導致生命的提早結束，此於一般人已然難以接受，又更何況是自採取激烈手段，想以此了斷一切的因緣呢！

或許一切生命的存在，皆各有其不易與困境，但想盡辦法促使自他的生命皆能更具意義與價值，此中，如何善用方法誠然就是一重要關鍵。對於人類而言，因於有先人的智慧傳承，以是，可以依於佛聖的教化為行事的準則，要言之，就是站在巨人的肩膀上以觀照一切的人事物，因於能憑藉先人的寶貴經驗，則人生將可以減少甚多的錯誤的與遺憾。

唯現今之人，不喜聽「老人言」，一心只想發意創新，更有甚者，是對於佛聖教導興起懷疑的心態，即或有如是的情事產生，亦不可怪罪於任何的團體或社會風氣。反之，對於有心弘揚佛聖之教的有志之士而言，顯然，唯有更應積極投入人力與一切資源，以為正法久住世間而努力，相信：人性本善；相信：佛聖之教必然能深入人心。

追隨佛聖的心力與願行

「從今已去，至於道場，畢竟不復墮於三塗。捨身受身，常值
諸佛，具足智慧，清淨自在。勇猛精進，不休不息。乃至進修
滿十地行，登金剛心，入種智果。以佛神力，隨心自在。」

即或生而為人，但人的層次卻有如是的不同，其因究竟為何？或有
言：是因於所出生的環境與人事背景不同所致，然即或是出於同一父
母、同一家庭，兄弟姊妹之間的各別發展卻又南轅北轍。或有言：是因
於本所具有的天賦不同，然即或依於科學的智商檢測相近者，其之後的
人生亦是大不相同。也或許可以先不追究源頭的差異，但可以觀察的
是：有人將一生的時間皆奉獻予人群，且不求回報與代價，如各公益團
體的志工群等。然亦有將財力、心力皆投入於賭與毒之中，不但危害社
會，更為自己與他人帶來嚴重的傷害與不可挽回的局面。

觀以上截然不同的兩種生活方式，試想：如何才能轉迷為悟呢？如
何才能轉凡為聖呢？依於經文所示：「捨身受身，常值諸佛，具足智
慧，清淨自在。勇猛精進，不休不息。」如世俗之言：「虎狼亦有父子
之情」，對於人性而言，是皆疼惜與愛護其子，以是，可以相信，即或
從事不良行業者，其內心無不希望其子能翻轉人生，能堂堂正正為人，
能不要步上其後塵。凡有心想翻轉人生者，與其感嘆「人在江湖，身不
由己」，不如立大心、發大願，願生生世世追隨佛聖永不捨。

三十二、為餓鬼道禮佛：願身心清涼，
　　無復熱惱，身心飽滿，無復飢渴

因貪而成貧的餓鬼道

> 「今日道場，同業大眾。重復至誠，五體投地，普為十方，盡
> 虛空界，一切餓鬼道，餓鬼神等，一切餓鬼，各及眷屬。」

　　若以立足於先天本性而論，則本無有三界、六道，要言之，所謂的
餓鬼道，實然亦是起因於一念無明所致，再加上於多生多劫生死流轉的
過程中，因於無法聽聞佛聖之教，無法力行將後天習染去除，以致，推
疊層層的後天人事境緣等雜染，促使距離清淨本心越發地漸行漸遠。以
是，餓鬼道的示現，實然是依於後天無明而有，若於先天本性而論，其
本是不存在的。

　　為人的困難就在如是的根本問題上，當面對一切的人事境緣時，無
法永保清淨本心以對，於是，沉淪者將更將沉淪，恍若無有出頭之期。
然佛聖之教的關鍵亦即在此，若能善用時光，細細觀照自我清淨本心，
實然亦將漸有體悟與心得，為人實然是可以契入如是的境界，即或時間
短暫，但若能漸往如是的方向以進，則將更能親近佛聖的氛圍。

　　為人一旦無法將生活重心置於精神的富有上，反之，則極容易將心
思放在對物質的追求上，一旦欲求不滿時，則因求不得所導致的貪得無
厭，終將成為習氣。以是，即或已家財萬貫，亦是不滿足。顯可得見，

所謂貧，實然是依於貪心所致。若能反轉因緣，善於布施，樂於布施，且達布施的三輪體空，如是的心靈富足，則自能脫離餓鬼道。

法身慧命才是真實的我

「我等今日，以菩提心力，普為歸依世間，大慈悲父。」

人生是如是的一天又一天，一年又一年，一切看似理所當然，但卻又在如是理所當然之下，一切人事物皆終將變化萬端。回首前塵，一切的人事物已然不能再重新示現，至此，更能體會所謂的無常。若又再加上天災人禍等，所謂的生、所謂死，實然可謂皆是幻化而難以掌握。當對人生領悟更多，或才能更明悟佛聖之教的重要性，為人若無法探究法身慧命才是真實的自己，則終將活在色身生命的短暫痛苦中。

人自一出生，即要面對各式不同的挑戰，即或有幸能存活七、八十年，此於人世而言，已可謂長壽，然即或如此，若對於生與死的問題，不能深入探究之，實然亦終將在一生一死與一死一生中而流轉不已。為人若單憑藉自己的智慧與能力，不能親近聽聞佛聖之教，無法明悟人生的根本大事，則即或擁有高度名望、富甲天下、學識超人一等，於此世臨終時，亦要面對死生的大事。不如依於佛聖之教而行，以全體法界為真實的我，將個己的私心全然放下，善用個人暫時的使用權，將一世生命發揮極大化的價值與意義，如是的人生，才誠然可謂不白來人世走一回。與其斤斤計較與他人的是非恩怨，不如先由自身開始學習放下，亦唯有由己而他，才能真實獲得美果。

以虛空同體化解一切我執

「又復歸依，如是十方，盡虛空界，一切三寶。願以慈悲力，
同加攝受。願東西南北，四維上下，盡十方界，一切餓鬼道，
一切餓鬼神，各及眷屬。一切餓鬼，各及眷屬。一切罪障，皆
得解脫。」

當仰望整個虛空，是如此地廣大無邊無際，若能真實確認此即是一
切萬物萬類的根本源頭，以是，當再反觀自身因於人事物所造成的是是
非非、紛紛擾擾，相比於無垠的浩瀚宇宙，實然是太過於渺小且微不足
道。人們大多積習於某種慣性，然任何已然形成的特有風俗或個人氣
質，實然亦是日積月累所致。要言之，一切事物與存在的現象沒有不可
以改變的，唯此中的關鍵則在決心與毅力。

餓鬼道的示現是一種果，若探究其因，總不離於由貪瞋癡慢疑所
起，當無明煩惱逐漸深化在自身上時，則一切的我執、我見、我慢終將
成為頑固不化。依於經文所示：「歸依如是十方，盡虛空界，一切三
寶。」為人若能時刻觀照眼前所在意的一切人事物，無不皆是緣生緣
滅，無不皆是幻化不實，其終將在時空間的變動中而流逝不已，想愛惜
亦不可得。想來：唯有心境同於虛空，將一切的小我、小執放下，此即
是真空；又能實實在在，好好地生活於當前的因緣，此即是妙有。如是
無有煩惱清淨自在的生活，確然是與虛空同體、同在。

心胸開朗的清涼自在

「身心清涼，無復熱惱。身心飽滿，無復飢渴。得甘露味，開
智慧眼。」

清涼相對於熱惱，飽滿相對於飢渴。為人的熱惱與飢渴，除是對於
物質的要求之外，然大抵皆來自於心中的無明煩惱與貪欲不滿所致。為
人若不能於心性上用功，則即或坐擁萬貫家財，則即或位居顯職，亦終
將是苦惱不堪。為人大抵是：無時憂無，有時又憂不能長久，以是，不
論無或有，皆是同憂。且一生忙忙碌碌，然所在意與積累的有形物質，
卻又分毫帶不走，如是的見地，大抵多數之人是可理解與體證的。唯理
解歸理解，於遇事的當下，卻又是我執、我見、我慢興起，於是，整個
人類世界永遠處於你爭我奪的狀態之下。

人自一出生，因於家庭、環境等因素，又因於所處社群等關係，總
之，為人亦必當由關愛自身的周遭開始，要言之，此即如儒家所言：獨
善其身而後兼善天下。唯此兩者，是密不可二分的，正因為心中有天
下，則更能善待自己；而善待自己的目的，實然就是為能更廣面地利益
他人，此是佛聖的教導。為人若能多關懷他人，多走入人群，以行持利
他之行，則即或看似甚為渺小的事情，如：扶持老人過馬路，為社區無
私無償地整理環境等，如是之行，皆將為自己帶來非金錢所可比擬的歡
喜與快樂。顯可得見，唯有心胸的開朗，才能相應於清涼自在。

轉怨憎為法友因緣

「四無量心，六波羅蜜，常得現前。四無礙智，六神通力，如
意自在。離餓鬼道，入涅槃道，等與諸佛，具成正覺。」

在日常生活中，或因於各種因素，總有與自己在思想觀念或言行舉
止上，彼此是有甚大差異者，以是，於己造成甚多的煩惱與困擾，於他
亦總多懷抱埋怨與憤恨，此無疑則如同佛門所言的是一種怨憎的聚會。
若是在一個工作團體裡，或許可以轉換跑道，以遠離不願面對的人事
物。然若是在家庭裡，又或是至親的關係，又當如何自處與處他呢！

佛門強調業因果報，想來甚有其深意，要言之，今日所面對的一切
人事物，若與己無有任何的因緣，則實然是不會相遇得到。如云：「不
是同一業，不進一家門，不成一家人。」修行的關鍵在對於每個起心動
念的當下，皆能覺察得到，若是惡念，則必要能斷相續心，反之，若是
善念，則要能保持其相續不退轉。以是，當面對怨憎聚會時，實然更是
修行的突破點，如何以善解包容，協助改善彼此的關係，此才是所謂的
真修行。

為人的一世因緣，其時間的長短無法估量，如何突破怨憎的因緣，
亦必然需在此世完成。以是，與其自怨自艾，不如善於尋求解方妙藥，
而最佳的良劑無疑就是能善觀「諸因緣生法」，既是緣生，則終將緣
滅，唯能以一顆清明之心以待因緣，或將減少更多的遺憾與積惡。

三十三、為畜生道禮佛：願同捨惡趣，
　　　　具得道果，身心安樂，如第三禪

轉苦為樂的妙方

「今日道場，同業大眾。重復運心，五體投地，普為東南西
北，四維上下，如是十方，盡虛空界，一切畜生道，四生眾
生。」

在佛門的十法界中，畜生道可謂離人道最為接近。尤其人類有畜養
寵物的習慣，於今，更將自家的寵物以「毛孩」稱之，其一切享受幾等
同主人，更有甚者，富貴人家的寵物，其所享有或已然超過於一般人。
若能深觀因緣，如是的寵物實然是因於過去世的福報所致。唯於佛門的
典故中，特有明示：「修福不修慧，大象被瓔珞。」要言之，修福以得
福報，此為因緣的當然，然若想要心得解脫自在，則仍須仰賴智慧的修
得。

為人在修學的過程中，亦必然須由斷惡修善入手，然如是的斷惡修
善實為成就智慧的前行方便，要言之，如何更進一步以達「自淨其
意」，才是最終的目的。或可觀釋尊一生的行誼，以得此中的奧妙所
在：釋尊放下王子的身分，以得過最為簡單的生活為日常，其將全部心
力置於協助眾生以了脫煩惱，並不以享福為人生所追求。

在現實人生中，若整日沉溺於享樂，抑或無所用心與無所事事，其

表面看似輕鬆無壓力，然一切的惡念、惡事，亦極容易在此中被醞釀而出，誠然不可不謹慎。反之，雖工作勞務有其辛苦的一面，然亦唯有在苦中才能感受得來不易的快樂，於此，將可體證以力行之。

生命的尊嚴與平等無分大小

> 「若大若小，水陸空界，一切眾生，各及眷屬。我等今日，以
> 慈悲心力，普為歸依世間，大慈悲父。」

宇宙的奧妙與多采多姿，實然無法一言以道盡之。且觀一切的萬物萬類，其品類繁多，即或科學亦無法詳明之。依於經文所言：「若大若小，水陸空界，一切眾生，各及眷屬。」僅先以「人」為對象觀之：依於不同的膚色、語言、文化等所產生的不同族群，此中，因於生活習慣、價值觀念等，所造成彼此的差異，更甚者因之所產生的種族問題，是至今全世界的問題。顯然，即或人類有高度的科技文明，有高水準的藝術文化素養，但人類之間仍不免於以強欺弱、以大吞小，若依於如是的現今狀況，人類所冀望的世界和平恐將尚有一段甚遠的距離要努力。

唯人類最可以也是最容易做到的事情，就是先由飲食入手。且觀全世界因於各種養殖業、畜牧業所產生的環境污染問題，以及人類對於生靈的殘殺幾乎已達慘不忍睹的地步時，人類又何能冀望世界安寧和諧呢？若能以蔬食為飲食之道，則人類才有可能先與萬物生靈達至共存共生的關係，又當人類能減少殺戮之氣，也才有可能進一步降低人類之間的各種戰爭與傷害。當地球中的人類與萬物萬類之間，能更趨近於彼此本是生命同一氣息，且又深互影響著，則和樂的世界才能指日可待。

我肉眾生肉，名殊體不殊

「又復歸依，如是十方，盡虛空界，一切三寶。願以慈悲力，
同加攝受。願東西南北，四維上下，盡虛空界，一切畜生道，
四生眾生，各及眷屬。一切罪障，皆得消滅。一切眾苦，皆得
解脫。」

　　每個生命都是獨一無二的，其生命尊嚴皆當受到尊重，且每個生命
卻又彼此互為影響著。當人類正為環境污染嚴重而傷透腦筋時，當人類
正為氣候變遷所帶來的糧食危機而焦頭爛額時，當人類正因各種疫病與
蝗災等困擾不已時，唯此中所牽連的問題，可謂重重疊疊，實然無法一
言以道盡。然人類是可以先由自身的作為開始，人類是可以檢視於生活
中，所可能造成的不必要的浪費與破壞，以及過度的資源開發與利用，
如是等等，人類實然是可以有所改變的。

　　當世界氣候會議正如火如荼般地進行著，當全世界皆在為下一代子
孫想方設法留下一個乾淨的地球時，顯然，人類是有所共知與共識的。
但若只有開會與結論，卻無法真實力行與監督，則其後果亦終將回到人
類身上來。想來：最有效的方法，仍必由自身做起，再逐步宣導以影響
更多的人。

　　人類與畜生道的眾生，可謂是最為接近，彼此亦常常成為工作與生
活的最佳朋友，當其一生為人類付出奉獻後，人類又何忍殺其命、啃其
骨、吃其肉呢？若能將此心懷再擴充於一切的生命體上，相信世界將更
為和祥與安然。

靜坐的養成與妙用

「同捨惡趣，具得道果。身心安樂，如第三禪。四無量心，六
波羅蜜，常得現前。」

現今之人，無有一時可以靜下心來，稍有空閒，則一機在手，手指
不斷地滑動著，不斷地尋找新的資訊，不斷地追逐著所要的一切人事
物，眼睛緊盯著螢幕，是片刻亦無法安靜下來。當如是習慣已成為生活
的必然時，則對於佛門於修行上的靜坐，恐將更無法領悟其中的深義。
所謂靜坐，於身，實然就是靜靜地坐著；於心，則維持著心念的清淨。
此於論說上看似容易，但若真實行之，實然甚為不易。先以身而言，能
靜靜地坐著，已屬不易，又更何況是要維持著較長時間的身不動呢！於
此，可先由較短的時間開始，再而後逐步增多，能將身的妄動先行放
下，此為第一步。

若已然稍得身的安靜時，如何能維持著正念一心，此中，若無有長
時的精進努力，恐將更為不易。當越能淨心之時，或才能越覺察心念的
起伏不定，雖言如是，但若於此時，即自我放棄之，則將甚難領悟靜坐
於生活上所帶來的受益與妙用。若能於靜坐中，逐漸養成習慣與產生些
微的定心功夫，則可為於日常生活的一切動態中，仍能具有稍許的穩定
心力，此是為靜坐的真實妙用。顯然，身的靜坐，是一種前行的方便；
能於常日間的如如不動，才是佛門的真實修行功夫。

同轉業報身為清淨法身

「四無礙智，六神通力，如意自在。離畜生道，入涅槃道。登
金剛心，成等正覺。」

或許現今之人，因於人際往來的複雜與疏離，導致養寵物之人有逐
漸增多的趨勢，且相關於寵物的各種行業，亦如雨後春筍般地出現。人
們於工作之餘，將寵物視同家人，更有以兒女稱之、待之，於鄰里之
間，亦有因於寵物問題而彼此鬧得不可開交。更有甚者，寧將心力置於
寵物身上，唯對於自己的父母乃至兄弟姊妹，卻又缺乏關心與照顧，此
誠然已可謂是一種病態的現象。

　　一切生命皆各有其生存的條件與樣態，此中，人與萬物之間，實然
是有其應該維持的界線。即或與寵物之間的關係，雖言親密，但各物類
亦各有其所受業報的差異，要言之，如何成就畜生道轉為人道乃至天
道，則是修學的用心所在。人類若能真實善待不同法界的一切眾生，則
實然是要相助其往更為殊勝之路以行，而非僅是建立於個人的小情、小
私之上，亦或將萬物生命視為人類的口中食物而已。當人類已然有意識
高喊著：尊重一切生命的生存尊嚴，但人類的具體行為，實然仍須由降
低口腹之欲入手，否則，所謂尊重生命的尊嚴，終將成為一句空話而
已。想自己的一身：是依於各種業報而成，於其他的物類亦然如是，如
何彼此互為成就，同轉為清淨法身，是為諸佛化導一切眾生之所在。

三十四、為六道發願：願皆悉令入大願 海中，即得成就功德智慧

轉形骸就在當下

「我等以今奉為諸天、諸仙、龍神八部禮佛功德因緣，願十方
盡虛空界，四生六道，窮未來際，一切眾生。從今日去，至於
菩提。不復枉誤形骸，受諸楚毒。不復造十惡五逆，更入三
途。」

於佛法若能多有修學，或將有所領悟：所謂六道眾生，乃至一切法
界的眾生，無不皆是無量劫來，於生死流轉中，所曾相遇過的父母、兄
弟姊妹，乃至親戚、同事等，要言之，無有一眾生不是曾與自己有所關
係。唯因於各自所造作之業的不同，導致所呈現的業果不同而已，以
是，即或是在地獄、餓鬼道的眾生，亦皆是與我同為一體，諸佛菩薩之
所以不疲不厭地乘願再來，無不皆是為此事而再次地示現。

如佛所示：「昧於同體，則視為異類。」顯然，對於凡夫眾生而
言，因於無法真悟萬物萬類同為一體之故，以是，則有分別、對待的產
生，乃至有爭強鬥勝之事，如是之因，實然皆是無法體證：萬物的外在
形骸雖有所不同，但形骸是可以轉變的，只要不再起惡因、增惡緣、造
惡業，則自能不受惡果。要言之，依於經文：「枉誤形骸，受諸楚毒。
不復造十惡五逆，更入三途。」唯當如何才能轉換地獄、餓鬼的形骸，

為天人乃至諸佛菩薩，此才是真正的關鍵所在。正因於一切皆是因緣所生，故只要所增加的因緣條件不同，則其果自當不同，此為學人所必用心處。

維持一顆清淨心

> 「承今禮佛功德因緣，各得菩薩摩訶薩，淨身口業。各得菩薩
> 摩訶薩大心。大地心，生諸善根。大海心，受持諸佛智慧大
> 法。須彌山心，令一切安住無上菩提。摩尼寶心，遠離煩惱。
> 金剛心，決定諸法。堅固心，眾魔外道不能沮壞。」

於修學之路上，若身與口能逐漸淨化，其後就是於意念的修持上，唯所謂恒持清淨的意念，並非是要學人不理一切的人事物，只一心於清淨上，若如是解者，則實然將無法領悟諸佛菩薩廣度眾生的大智與悲心。人的心念起伏，其微細瞬間的程度，誠非常人所可明悟。以是，修學的關鍵則在如何能自覺已起一念的當下，要言之：起於一念，亦止於一念。若許已然習慣於心念的起起滅滅，以是，大多數人反而害怕安靜，故所謂的清淨心，則實然更將無法體證。

常人多以為：清淨心就是無有任何的思想念頭，此更是於清淨本心的誤解。如《金剛經》所云：「應無所住，而生其心。」前者就是保持一顆清淨心，後者則是實實在在地過日子。為人越能無有妄念與雜想，才能真實與他人建立良好的關係，亦才能真實利益群眾，否則，凡事多以自身的習氣為主導，如是的待人處事，將只會為他人帶來更多的煩惱與痛苦。與其在常日間置心於到處遍染之上，不如，以一句佛號攝心，只待時日，或將有所心得。

心心勇猛，不懷怯弱

「又願四生六道，一切眾生，從今日去，思量識性，思量決信
解性。棄捐調戲，常思法語。所有皆施，心無愛惜。心心勇
猛，不懷怯弱。所修功德，悉施一切。不還邪道，專心一向。
見善如化，見惡如夢。捨離生死，速出三界。」

　　人生所要面對的困境，可謂是層出不窮，且隨著不同的年齡而有不
同的問題，唯此中最為重要的就是擁有一顆堅毅的心，要言之，當面對
問題時，能想方設法的處理、解決與放下。且觀現今或因於人事、環境
等多重因素，導致有躁鬱、憂鬱症的人明顯增多，除此之外，如：自卑
感、優越感，乃至所謂的「思覺失調」等，以上皆是與心理、精神相關
的疾病。且先不論其所產生的種種因素，然大抵不離於與「心」有極為
密切的關連。

　　人生活於世間，總不離於對於物質與精神兩方面的需求，或亦可
言：物質的豐厚，是無法解決心靈層次的匱乏。且觀釋尊當年放下王
位，以追求心靈層次為要的力行實證，此中所蘊含的深義，若不細心觀
照，實然是無法領悟之。如經文所示：「心心勇猛，不懷怯弱。」顯
然，唯有心靈層次的提升，唯有擁有堅強的心理素質，或才能在變動無
常的世間仍安然處之。以是，當漸次發現自己或他人，有懼怕面對人群
的傾向，乃至遭遇問題時，只想躲避與放棄等，於此之時，則更應親近
佛聖的教導，於心性上用心唯是。

資源互助才能他成己成

> 「各得供養，一切諸佛，供養眾具，皆悉滿足。各得供養，一切尊法，供養眾具，皆悉滿足。各得供養，一切菩薩，供養眾具，皆悉滿足。各得供養，一切賢聖，供養眾具，皆悉滿足。」

現今全世界所面對的問題，如：水與空氣的污染，因於極端氣候所導致的糧食危機，乃至各種疫病大流行等，顯然，人類已然需要面對如何永續生存的問題？此是全世界性的問題，是攸關全人類乃至整體地球的未來發展，以是，若全人類無法先取得共知共識，則將更無法論及共行之事。如經文所示：「供養眾具，皆悉滿足。」此並非是某一先進國家的場景即可，試想：若某方區域有疫病，他國皆不願援助，則此方的問題，亦將假以時日反撲至其他各國。以是，在國際組織的架構之下，已開發中國家的各項醫療物質，若有新的研發出現，除協助己國之外，更將資源分往各國以相助其解決問題。如是的作為，不僅符合人道精神，實然更是同享大自然的共同資源。

同理，為人的一生，若能將心力置於願為人群而服務的精神，則不論是在各行各業中，只要能懷抱如是的態度以待人處事，相信：凡為他人越多，反轉回己身亦將更為豐富滿足，如是，則相關的一切負面能量亦將漸次遠離，亦更能於相助他人之中，獲得心靈的提升與人生的價值。

引導他人同入佛聖之教

「若有後流一切眾生，異我等今日願界者，皆悉令入大願海
中，即得成就功德智慧。以佛神力，隨心自在，等與如來，具
成正覺。」

　　或許如佛所預言，於今正值末法時期，在此當下，即或有心弘揚正
法，亦恐將遭遇種種阻礙與困難，此中，最難以突破的困境就是眾生不
願聽聞，乃至對於佛聖教導的內容有甚大的疑惑與不信。然若細心觀
察，實然並非是現今時人的資質較差，而是對於佛聖之教的聽聞過於缺
乏，又因於常日間將過多時間耗在接收來自四面八方的各種資訊，當耳
目已然達至撩亂之時，要其靜下心來以「反聞聞自性」，誠可謂難上加
難。

　　如佛之意，佛無有定法可言，是依眾生的不同而給予不同的教導，
一切亦只是依法治法、依人治人而已。顯然，於當今之時，如何應用現
今的語言生態，適合現今的時勢因緣，善巧方便以引導眾生，則是有心
弘揚佛聖之教者所更應用心之所在。若以己身而思眾生，則將更具同理
心，想自己亦是在各種因緣條件的助長之下，才能對佛聖之教稍有心
得，也才能明悟並肯定其對人生的價值與意義。若缺乏佛聖之教的人
生，即或看似擁有常人所羨慕的名聞、財富、權勢等，恐亦只是一場甚
為短暫的幻化現象而已。正所謂的「人同此心，心同此理。」唯有無私
以待他人，所獲得內心的富有與滿足，才能得有人生的最大幸福。

三十五、警念無常：願覺悟無常，勤修行業，以自資身，勿生懈怠

因果相生，惻然在心

> 「夫三世罪福，因果相生，惻然在心，慮不斯隔。常謂影響相
> 符，乃可胡越。惟願大眾，覺悟無常。勤修行業，以自資身。
> 勿生懈怠，而不努力。」

常人或有不願相信因果者，然現前的世間實然就是一現現成成的因果世界，此理實然無須多辯，事實已然就在眼前。常人所懼怕的因果，或許因於自己的造作之故，以是，不願承認或不想面對等，然與其內心的惶恐，不如確然了解因果的道理。如經文所示：「因果相生。善惡之致，非可得而舛也。」此中的關鍵在由因至果的關係，要言之：即或眼前的惡果已然呈現，但若能於此之後，即改過向善，則惡果終將有轉變的可能。以是，談論因果與面對因果，才能真實創造未來更為美好的人生。反之，若以鴕鳥心態不願面對眼前的事實呈現，不能勇敢地改變現況，或徒令情況雪上加霜，如是的態度與作為終將帶來更為嚴重的災難。

佛法論述無常，除是對於現象界的說明之外，其更為重要的關鍵在於一切人事物終將可以被轉變。如：善是如幻如化，同理，惡亦將是如幻如化，既能體悟無常，則所最能掌握的就是現前每個當下的心念與作

為。顯然，唯有能明徹因果的深義，才更能為自己的人生積極認真與負責。故諸佛菩薩的教化，終不離要大眾勤修一切善業，萬不可懈怠而虛過時光。

一切所有終歸於磨滅

> 「世間幻惑，終歸磨滅。有者皆盡，高者亦墜。合會有離，生必應死。父母兄弟，妻子眷屬，愛徹骨髓，當捨壽時，不得相代。重官厚祿，榮華豪貴，錢財寶物，亦不能延人之壽命。無形之對，誰能留者？」

在人與人之間，總是充斥著各種考驗，即或親如父子、兄弟，亦常常因對彼此的所需不能理解，導致誤會與猜疑的出現，以是，本應是最值得珍惜的天倫之情，卻在各種因素之下而逐漸形同陌路。除此，或有自小共同成長的摯友，乃至共創事業的朋友等，亦在時空間的變動中，出現難以預測的局面與場景。總之，如經文所示：「世間幻惑，終歸磨滅。」或許最可以一語道盡此中的滋味。

且不論現實世間的無常難以掌握，即使是自己的起心動念，乃至言說舉止，亦常常是自身所難以把握的，要言之，任何人也無法預知自己的下一秒。或許對於人情而言，總想尋得一依恃，唯即或彼此情誼深厚，但對於「當捨壽時，不得相代」之事，想必亦是了然於心的。為人不論貧富貴賤，也不論智愚美醜，所有之人終將面對的就是：凡現前所擁有的一切，終將變動無常，如經云：「有者皆盡，高者亦墜。合會有離，生必應死。」此事自古至今皆然如是，於後亦必如是，如是最為現實的人生，又有多少人可從中有所悟得呢！

歸宿在何方的準備

「經云：死者，盡也。氣絕神逝，形骸蕭索。人物一統，無生
不終。而捨命時，受大苦惱。內外六親，圍繞號哭。死者惶
怖，莫知依投？身虛體令（冷），氣將欲盡，見先所作，善惡
報相，森然在目。」

人生雖言凡所有皆歸無常，但所造一切的善惡之業，卻又歷歷在
目，如對眼前，此則是想掃除之亦不得也。為人或許可以瞞過他人，卻
是無法欺騙自己，要言之：凡所作皆將返歸於自身，以是，諸佛菩薩苦
費心力勸人斷惡修善，無非令諸眾生皆能得身心輕安自在。人的一生，
實難單看表面所呈現的樣態，或有位居顯職者，但卻身心備感壓力；或
有富貴榮華者，卻又常懷不久之憂；或有子孫滿堂者，卻又多苦多勞
累。凡此種種，皆能得見人生的困難與不易，此中，又以面臨生死大關
的當下最為苦惱，如經文所示：「死者，盡也。氣絕神逝，形骸蕭索。
人物一統，無生不終。」當人生漸感體衰力微時，當人生已如孔子所言
的六十而耳順之時，若依於生命壽期的常理，或多數之人已立好遺囑，
一切身後之事亦早有安排，顯然，對於死亡是人生必經之路，此已然是
無須多所論之。

然即或如此，但經文所示：「內外六親，圍繞號哭。死者惶怖，莫
知依投？」如是的場面卻又一再地上演著。以是，不論是當事人，亦或
是家親眷屬等，若能對於人生的最終歸宿能早有關懷與用心，則將使走
者安然，留者自在。

人生的重要課題

> 「涅槃經言：死者於險難處，無有資糧。去處懸遠，又無侶
> 伴。晝夜常行，無有邊際。深邃幽闇，無有光明。入無遮止，
> 到不得脫。生不修福，死歸苦處，愁毒辛酸，不可療治。」

對於大多數之人而言，或以為死後的世界是一渺茫而不可知之地，
然若細心觀照：仰望廣大虛空無有邊際，以是，所謂生與死的界限又到
底在哪裡？若虛空本是一整體，故眼前所在地亦是虛空的一部份。當生
命的最後一口氣斷盡時，依於醫生的診斷則稱為死亡，其後一連串的手
續乃至儀式，亦是為說明此生命已於人世間消逝。唯一切所能處理的過
程，一皆只是看得見與碰觸得到的，要言之，對於生命的主體精神到底
歸於何方？則是他人所無法預期的。

每個生命的結束，各有其不同的因緣方式，或有因於突發意外，在
毫無任何心理準備之下而匆忙離開的，如是可想而知：其人的惶恐不安
與前途茫茫之感。或如經言：「死者於險難處，去處懸遠。深邃幽闇，
無有光明。」依於人性人情而論，人本是群居的動物，樂有同伴相隨以
彼此照顧，然唯此死生大事，是各依所造之業再次流轉，以是，即或親
如父子兄弟，彼此亦是無法相伴同行的。又即或是於同一時間、地點告
別，亦無法保證可以再同聚於另一他處。顯可得見：於此人生的重要課
題，與其多所忌諱，不如好好面對與早作安排規劃。

⤻ 自作自受的獨逝獨行

「生死果報，如環無窮。孤魂獨逝，無人見者。不可尋覓，不
可物寄。唯各努力，捍勞忍苦。勤修四等，六波羅蜜，以為獨
逝諸趣之資，莫以強健而自安心。宜各至心，等一痛切。五體
投地，歸依世間，大慈悲父。」

　　隨著年歲的增長，終將越發領悟一事：即或父母、師長，對於後輩
的規勸與教導，但最終的執行仍在個人的身上，此中，是無法有任何一
絲的替代與勉強。且更有甚者，或有因感於父母的嘮叨與訓誡，導致人
倫最大的憾事發生。如是之事，則誠如佛聖的教導：「怨從親起」，因親
而轉怨，如是的事件，如是的警語，著實不得不令人多所感慨與警惕。
為人一生的行事，終將自作自受，確然是無法互為相替代，故經文多以
「孤魂獨逝」為述，所謂的「獨」，其意在一切所行皆當自造自得，要
言之，一切皆在己而不在他。

　　在一世因緣的流轉過程中，表面看似是隨著世界的脈動在運作著，
但若仔細反思：自己才是決定一切的重要推手，即或在大環境的共業之
下，自己若能堅持依於佛聖的教導以行事，如是的信心與安然，如是所
自造的別業，終將是自己與他人最大的不同之處。要言之：當環境更為
艱困之時，當佛聖之教尚無法為他人所欣然接受時，唯有自己更要能獨
當一面，以佛聖之教為資糧，與之相伴於生生世世永不捨離。

三十六、為執勞運力禮佛：願憶牢獄苦，
念諸佛恩，改惡修善，皆發大乘

以心的安然面對身的困境

> 「為即世牢獄，憂厄困苦，囹圄繫閉，及諸刑罰。念其處世，
> 雖獲人身，樂少苦多，枷鎖杻械，未嘗離體。或今身造惡，或
> 過去所追，或應免脫，無由自申，重罪分死，無救護者。如是
> 眾生，各及眷屬，某等今日，以慈悲心，普為歸依，一切世
> 間，大慈悲父。」

佛門強調「人身難得」，且依於業因果報，能得人身乃過去世中的
修福所致，然即或得此人身，卻又彼此差異甚多，要言之，若以人身為
共同之業，但不同的苦樂享有卻又是因於各別之業的不同。今僅以得人
身而論，或有生於帝王、富豪之家，其一切尊榮與享用已然非常人可
比。或有生於戰亂、貧困之地，或有終身遭受宿疾所苦等，此中的因素
誠可謂是錯綜複雜。如經文所示：「雖獲人身，樂少苦多，枷鎖杻械，
未嘗離體。」雖言人身難得，但若因於造惡乃至為病苦所纏，則不論是
有形或無形的枷鎖，於人的一生亦是令人多所感慨。

佛法的根本修行在於能斷惡修善，當自身即或遭受難以言說之苦，
但若能真心懺悔改過，坦然面對眼前的果報，以難行能行、難忍能忍而
堅毅不拔，千萬不可因於灰心喪志，或因於錯誤的認知等，反造下更大

的罪過，若如是者，則一切的後果亦終當自受之。但觀現前的一切困境，唯有以更多的智慧、慈悲與耐心處之，或才能先得有於心的安然。

 ## 以行化他的典範

> 「又復歸依，如是十方，盡虛空界，一切三寶。願以慈悲力，同加覆護。願今日執勞隨喜者，各及眷屬，從今日去，至於菩提。一切罪障，皆得消滅。一切眾苦，畢竟解脫。」

人生確然可謂是苦多樂少，若將眼光放諸於全世界各地，且在新聞媒體如是廣傳之下，實然可見各地區域，於分分秒秒中皆有層出不窮的問題出現。於今，更因於大地環境的污染嚴重，人類的受苦程度，誠可謂是更為加劇。人類不但需處理不同族群的問題之外，更要面對於全人類所造成的疫病之災，除如是的大問題之外，更多的是人與人之間的對立與衝突，如是種種，皆在說明：若想享有幸福快樂的人生，則需更多於心性上用功。

所謂於心性上用功，必非意謂著對於外境的不理不睬，事實正好相反，正因能於心性上用功，才能於外境觀照得更為清清楚楚。一旦面對不如己意的人事境緣時，才能不先以習氣以對，當不以個己的習氣面對處理一切的人事物，才能將可能的衝突與對立逐漸化解開來。且觀佛聖的心行，實然皆在於其能先作出榜樣典範，並以此影響感化他人。現今之人可謂是眼睛雪亮，其並非僅是聽聞而已，若不能以事實為證，若不能確實做到，則終將無法打動其心念，更遑論邀其共行。以是，所謂於心性上用功，實然就是心與行的相應之道。

被忍辱鎧甲以行持利他之行

「壽命延長，身心安樂。永離災厄，無復障惱。發大乘心，修
菩薩行。六度四等，皆悉具足。捨生死苦，得涅槃樂。」

對於人壽而言，大抵七、八十年，即或難得至百年，但身體的衰弱
終究無法相抗於歲月的痕跡。對於人身而言，一旦失去健康與活力，一
旦被疾病所纏，即或尚能存活著，但終究有其所困難與不便之處。以
是，對於他人的祝福，除長壽之外，通常是相伴於身體健康。然除此，
如何使心靈能保持輕安自在、無煩無惱，此將對於人生更具關鍵之意
義。於今生存在過多競爭的環境中，若再缺乏佛聖的教導，一味地以競
爭為手段，則終將離身心安樂漸行漸遠。

實然人生是需要經過歷練的，當一切先考量他人，一切先以協助他
人之後，則終將發現：他人才有可能再回頭成就自己，要言之，實然不
會因協助他人之後，而自己卻一無所有。心靈的自我滿足與否，如是的
決定權不在外而在己，唯有自身於利他之行後，能確然了然放下一切，
保持一顆清明之心，是為人生最大的福報。唯佛聖之道的力行，若不能
先有長久的修學，且不間斷的一再地親近之，即或有心行持利他，當在
智慧與慈悲不足之下，當在忍辱之行尚不具備之時，而想在競爭激烈且
人事紛擾的環境中，能確然得有身心安樂自在，誠為不易之事。

真能放下才能真得自在

「又願天下牢獄，諸餘刑禁，徒囚繫閉，憂厄困苦，諸有疾

病，不得自在者，各及眷屬。以今為其禮佛功德威力，一切眾
苦，皆悉解脫。惡業對因，畢竟除斷。出牢獄戶，入善法
門。」

人生的苦惱無法盡數，不同階段、不同個人，皆有滿肚子的委屈與
憂煩。唯佛聖之道的內涵，即是為求人生的轉苦為樂，然此又當以何為
入手呢？如經文所示：「以今為其禮佛功德威力，一切眾苦，皆悉解
脫。惡業對因，畢竟除斷。出牢獄戶，入善法門。」為人一生所能接觸
的人事境緣，自有其因緣的深與淺，不論淺深如何，若能逢遇之，實然
皆是有緣人。亦可言：為人的一生，所能度化的對象，實然皆是與自己
有緣之人。然對於修學者而言，眼前的親或疏，但以有形之相為論而
已，若依於常劫流轉生死而觀照，實然皆是一體，無有差異，以是言
之，當自心念所及之處，實然是可遍一切處而無有分別。故自身的一切
修學，只要自心一意，自能利益法界無量眾生，此確然如是，但此中的
關鍵則在至誠，唯有至誠才能感通無盡的虛空法界。

若再進一層提問，又當如何才能達於至誠呢？唯有放下：放下自私
自利，放下貪瞋癡慢，放下分別對立，唯有真實的了然放下一切，自能
相助於一切。關鍵在先要自問自己：真能放得下嗎？

苦難可為提升的關鍵

「壽命無窮，智力無盡。身心永樂，如第三禪。憶牢獄苦，念
諸佛恩。改惡修善，皆發大乘。行菩薩道，至金剛際。還復度
脫一切眾生。同登正覺，神力自在。」

　　如孟子所言：「天將降大任於斯人也，必先苦其心志，勞其筋骨，餓其體膚，空乏其身，行拂亂其所為，然後動心忍性，增益其所不能。」此中之義在說明：為人當在受苦難之時，當面對困乏之際，正是向上提升的關鍵；反之，若處於安逸順境之時，最是容易溺陷於虛榮、聲色之中，乃至自以為是、自恃己能，心高氣傲而不可一世，如是則為衰敗的現象。人生總希求富貴榮顯，總期望事事如意，然一切事物又總是變動無常，當由弱而轉盛，當由虧而轉盈，又如何才能保持盈盛而不變，此則是難中之難。

　　依於一切事物的發展變化，物極必反是自然的現象，此於一切的人事亦是如此。以是，凡有智慧者，必然將其所有與所能，無私地奉獻於廣大的眾生，於己但為安然淡泊，生活簡約，心地清淨，無有憂惱，如是的人生，誠可謂是最高的享受。當面對人生的課題時，能了然明悟：「天下無有不散的筵席」，於聚散、於合離，皆能坦然接受，至於壽命的長短，但由上天作主安排，若多一日，則多為眾生服務一日，人生若能至此境地，實然亦可謂近於佛聖的境界。

三十七、發迴向：能迴向者，則於果報，
不復生著，便得解脫，優遊自在

迴向亦不著迴向

「一切眾生，所以不能得解脫者。皆由著於果報，不能捨離。
若有片福，一毫之善，能迴向者，則於果報，不復生著，便得
解脫，優遊自在。所以經歎修行迴向，為大利益。是故今日，
應發迴向，兼勸一切不著果報。」

當聽聞業因果報之義，能積極的斷惡修善，此或可謂是一明理之
人。然若在行善修福中，仍懷有欲求果報的現前，此於人情而言，亦是
可被理解的。然若依於佛聖的教導，著於果報的獲得，則尚未到於究竟
之地。種善因得善果，此為因果律的當然，唯當在享受福報之時，亦是
福報正在減損之中，且福報終有享盡之日。以是，真正明理有智慧者，
當不以享福為可貴，而是將自身所能具有的福報與眾生共享，若能如
是，則福報才能真實被保持，而此亦是諸佛菩薩乘願再來不疲不厭度化
眾生的優遊自在。

為人總以為所得甚少，終日惶惶向外追求，唯不論所求為何，終將
在時空間的遷流中而變動無常。以是，諸佛菩薩勸導眾生要將所得一皆
迴向，此中實蘊含著深義：因於迴向才能使自身永立於清淨的境地，因
於迴向才能更貼近於先天本性，因於迴向才能真實獲得了脫自在，因於

迴向才能擁有纖毫不沾的習氣，因於迴向才能心地廣大如虛空，因於迴向才能協助一切的群生，因於迴向才能完成生命共同體的共存、共榮的世界。

為人群而生活的人生態度

> 「從今日去，至於菩提。行菩薩道，誓莫退還。先度眾生，然後作佛。若未得道，中間猶滯生死者；以此願力，令此大眾，在所生處，身口意業，恒自清淨。」

一期生命的長短，於大多數之人而言，是無法可被預知的，但是以何種心態而待人處世，則是可以自我決定的。在人生成長的過程中，若無法接受到佛聖的教化，或許大多數人就是如此地度過一生，一日又一日，一年又一年，看似自然如此，但卻又缺乏對於人生的正面積極性。以是，佛聖菩薩教導大眾：是要為人群而生活，而不是為生活而工作。故如經文所示：「行菩薩道，誓莫退還。先度眾生，然後作佛。」若言人生的價值與意義，無非就是在為人群而付出，並樂此不疲地願為一切眾生無私的服務，而如是的人生，雖言亦是在過日，然此中卻蘊含著無限的安然與自在。顯然，佛聖菩薩的生活，表面看似與一切的眾生無有兩樣，但不同的是在其用心上。凡夫但為個己的生活而奔波忙碌，又因於為己考量計較太多，以是，徒增更多的煩惱與執著而已。

人生終將有謝幕的一天，如何瀟灑地轉身下台，實然就決定在平日的作為之上。個人的生命本與群體的生命相融為一，以是而知：確然無有個人獨存的生命，故為一切眾生服務，是為人生的本然。

心真一切真

> 「常發柔軟心、調和心、不放逸心、寂滅心、真心、大勝心、
> 安住心、歡喜心、先度一切心、守護一切心、守護菩提心、誓
> 等佛心，發如是等，廣大勝妙之心。專求多聞，修離欲定，饒
> 益安樂，一切眾生，不捨菩提願，同成正覺。」

　　且觀歷來佛聖的教導中，有關對於「心」的論述，或許內涵有其不
同之處，但強調正向思考與正向能量所產生的作用，則為一致。要言
之，心念的起動將有關鍵性的決定。即或是最今的醫學，仍有以「意念
治病」的部分，顯可得見，心力的正向與否，將與病情有一定程度上的
關連。又再細觀現今社會上所發生的任何新聞事件，總不離於「貪瞋
癡」三字，或亦可言：此是一切亂象的源頭。

　　對於大多數之人而言，每天總要面對許許多多的人事物，以是，一
顆心彷彿就像是陀羅一樣，亦可言：實然無有片刻安定的心。以是，對
於人事的應對相處上，亦通常就是習氣的直接反應，導致人與人之間，
乃至社群與社群之間，亦總是充斥著對立與緊張的局面。故佛聖的教導
在：「勤修戒定慧，熄滅貪瞋癡。」而此中又最為關鍵的就是：一顆安
定的心。唯定力的養成，亦終不離於戒律的持守，要言之：於面對一切
的處境當下，心的意志方向，終將決定心靈的層次。以是，不論是儒或
佛，一皆以「心」為修行的根本，

回歸本然之路

> 「代發迴向法：今日道場，同業大眾，相與胡跪合掌，心念口
> 言，隨我今說：十方諸天仙，所有功德業，我今為迴向，同歸
> 正覺道。十方龍鬼神，所有勝善業，我今為迴向，同歸一乘
> 道。」

我們本來自於先天，故回歸先天本為當然。唯在紅塵滾滾中打轉太久之後，或許早已忘卻原本家鄉，以是，對於現前的世間視為本來，於是，不但不願返鄉，更多自以為：這裡就是我的家鄉。當如是的心念越發堅固時，當如是的時間漸行長久後，於是，佛聖教導的「同歸一乘道」，實然是很難領悟明白與發心回歸的。

一切眾生其本同源，此是佛聖一再地教誨，唯又將如何才能返歸本來之境地呢？顯然，唯有對於現前所行的一切善業，一一皆能迴向於一切眾生，此中的關鍵則在於能放下紅塵的一切，然所謂的放下，又絕非是消極無所事事，相反的，是要更為積極於努力行持一切的善業，卻又能無執無著的與一切眾生共享。亦唯有當一切眾生皆能返歸回原本風光之地，才可名為真正回歸。要言之，亦無有個人的單一回歸，唯有整全的回歸，是為「同歸一乘道」。

私心我慢、執著難捨等，此並非是原本的我，真正的我，是宇宙一切生命本與我同體，如是的悟境若能入心，則其後的修行終將依此以持，當私心我慢漸為淡薄時，當執著難捨轉為大施放下時，當輕安自在逐漸呈顯時，此或可謂是漸趨近於先天本來的我。

成全他人同發菩提大願

「發心及懺悔，自行若勸人，所有微毫福，盡迴施眾生，眾生
不得佛，不捨菩提願。一切成佛盡，然後登正覺。仰願佛菩
薩，無漏諸聖人，此世及後生，惟願見攝受。」

為人一旦步入中年後，大抵對於紅塵俗世的留戀或也能漸次放下，
然對於所親愛的人事物，也或許將轉為更加的堅固，以是，或許已然放
下甚多，但或也於一二事物執著得更深，於此，則不得不好好地檢視自
己一番。諸佛菩薩一再地勸勉大眾，要勤於修善與懺悔，但又更強調要
將所修學的一切「盡迴施眾生」，更且要大眾發大心：唯有一切眾生皆
成佛，自己才登正覺。

若細思諸佛菩薩的用心所在：其將眾生置放於己之前，如是才能真
實避免凡夫眾生於富貴名利中的溺陷，要言之，因於修善法，必得善
果，但在享受善果的同時，或也是造惡最為容易之刻。以是，諸佛菩薩
教導眾生要能迴向成就菩提大願，誠然是最為大慈大悲之所在。想來：
亦唯有能將自身的一切皆與眾生共享，將個人的私心放下，不以個人的
成就為滿足，且又能不疲不厭地付出、不求代價與回報，為人若能有此
修持與心境，想必其心中的安然將成為最大的福報。諸佛菩薩是為過來
人，其所言與其所行，實然已呈現在眼前，唯待有緣眾生共入此大願海
中，同成大願行。

三十八、菩薩迴向法：願十方菩薩摩訶薩，所發迴向，廣大如法性，究竟如虛空

為眾生而廣修善法

「宜復人人，起如是念：我所修習善根，悉以饒益一切眾生。
令諸眾生，究竟清淨。以此所修懺悔善根，令諸眾生，皆悉滅
除地獄、餓鬼、畜生、閻羅王等，無量苦惱。以此懺法，為諸
眾生，作大舍宅，令滅苦陰。作大救護，令脫煩惱。」

隨著年齡的增長，身邊之人亦逐一逐一地離開，至此，或將更有所
驚覺：所謂「終有一天等到你」的事實真相已然就在眼前。唯不論生命
是如此的無常，也不論往後的日子到底還有多少，唯一當可行的就是廣
修善法，長養自己的善根，與一切眾生廣結善緣，將生命發揮得淋漓盡
致，將生命作最為有效的應用，若能如是，則亦不枉來人世走一趟。

為人本不可能離開人群，亦必然要仰賴人群而存活，且觀自身的一
飲一啄，一皆來自於眾人的共同完成。以是，即或個人擁有任何的財物
乃至智慧與能力，無一不皆是依於大眾而有，要言之，若無有眾人，實
然亦無有我個人的存在，若能具有如是的見地，則個人所能擁有的任何
資源，一皆將其回饋予眾生，是則為當然之事。故諸佛菩薩引導眾生：

將修學的一切善根，廣施於一切眾生，得令其能遠離無量苦惱而究竟清淨，此為諸佛菩薩的大願心行。為人既生存於廣大的群眾之中，故唯一可行的，就是協助一切眾生，此則是為最究竟之事。

能善調伏自他之心

> 「如此諸法，是菩薩摩訶薩，為怨親故，以諸善根，同共迴向。於諸眾生，等無差別。入平等觀，無怨親想。常以愛眼，視諸眾生。若眾生懷怨，於菩薩起惡逆心者；菩薩為真善知識，善調伏心，為說深法。」

人世間的相處，最困難的部分，或許就是面對懷著怨怒的對方。唯不論所造成的怨恨其源頭為何，一旦彼此產生對立與怨仇，若但求對方能放下與諒解，不如自身先懺悔與修善。即或看似對方的錯誤為多為大，但若能深觀因緣，在因果通三世的觀照之下，唯有先善調伏自心的煩惱，才能真實化解一切的仇怨。同理，若是自己以怨仇之心待人，則最先受傷害的就是自己本身。

人世的相處是一門大學問，如經文所示：「若眾生懷怨，於菩薩起惡逆心者；菩薩為真善知識，善調伏心，為說深法。」當面對處處有意刁難的眾生，甚至興起惡逆傷害之心的對方，自身實然亦不可毫無作為而徒令對方造惡，以是，自身的事先避開，乃至化解得宜，能如是而行，才有機會得令對方改過遷善。顯然，唯有能藉由種種因緣，以善調伏自心與他心，將本是對立與怨仇的雙方，化解成為同體的先天倫常，如是的工作，當力行於生生世世，當平等於一切的怨與親，當廣施於一切的群生，此正所謂的「仁民而愛物」，由人而萬物萬類，一皆平等無

有差別，是為真調伏自心。

不為自己打折扣

> 「菩薩摩訶薩，於諸善根，信心清淨，長養大悲。以諸善根，
> 普為眾生，深心迴向，非但口言。於諸眾生，皆發歡喜心、明
> 淨心、柔軟心、慈悲心、愛念心、攝取心、饒益心、安樂心、
> 最勝心，以諸善根迴向。」

　　對於一切的生命而言，最為寶貴的莫過於就是生命存續的問題，亦可言：大凡一切的生命體，不論其外型的大小或強弱等，如何存活下去是最為首要的努力目標。唯對於為人的生命本身而言，又如何才能生活得有其價值與意義，此顯然是對於生命有更為高階的思慮。於此，人類可謂更殊勝於其他物類。而在為人之中，佛聖菩薩又特為人類的榜樣與典範。唯對於凡夫大眾而言，總以為佛聖菩薩是可望而不可及的，以是忘卻佛聖菩薩亦是由人修證而成的。顯然，如何先具有信心明確了知：自己的生命本源之體，與佛聖菩薩本是相同。唯有如是的信心建立之後，才能在修學的過程中，不為自己找藉口，不為自己打折扣。

　　信心建立之後，其後就是力行實證，除口說的勸導眾生之外，更為重要的就是以身作則，故如經文所示：「以諸善根，普為眾生，深心迴向，非但口言。於諸眾生，皆發歡喜心，以諸善根迴向。」人世的相處，無法一切皆盡如人意，但佛聖菩薩即或遭遇困境，卻能：於人不抱怨，於己不氣餒，一切但求隨緣隨份的面對、處理與放下，如是不隨外境而起煩惱，足可謂是信心堅定與強韌。

與諸佛同住的心境

「同住諸佛，住無所住。所有迴向，悉如十方菩薩摩訶薩，所
發迴向。廣大如法性，究竟如虛空。願某等得如所願，滿菩提
願。四生六道，同得如願。重復增到，五體投地，歸依世間，
大慈悲父。」

時間是分分秒秒地過，無有一分毫的停住，為人若能有如是的觀照
與體悟，則將發現：「不住」的妙用。常人就是太善於「住」，也習於
「住」，以是，明明早已經過一、二十年，但卻念念不忘於當其時的怨
仇糾葛，如是日復一日地增加其「住」，且如是反覆的心念，終將導致
自己無有清淨之時，誠可謂是痛苦萬分，亦是一可堪憐憫者。故如經文
所示：「同住諸佛，住無所住。所有迴向，悉如十方菩薩摩訶薩，所發
迴向。廣大如法性，究竟如虛空。」若真要「住」，則要與諸佛同住，
諸佛以法性、虛空為住，如是之住，是為「住無所住」，無住才能無執
無著，才能真實輕安自在。

凡夫與諸佛其本相同，唯差異的關鍵在「心」，依於心悟，則可成
就諸佛菩薩；因於心迷，則流轉成為四生六道，要言之，心靈境地的提
升，是凡夫趣向諸佛菩薩的必然之路。顯可得見：無有永遠的凡夫，亦
無有永遠的四生六道，即或已然成就的佛聖菩薩，亦必然再重返人間度
化一切眾生，直至皆成佛道，故諸佛菩薩並不以涅槃為樂，亦不以生死
為苦，唯能於涅槃與生死，皆能了然往來自在，是為與諸佛同住。

依天然本性而不捨離眾生

「願十方大地菩薩，一切聖人，以慈悲心，不違本願，助某等
於彼三惡道中，救諸眾生，令得解脫。誓不以苦故，捨離眾
生，為我荷負重擔，滿平等願。度脫一切眾生，生老病死，愁
憂苦惱，無量厄難。令諸眾生，悉得清淨。」

對於一切的生命體而言，且先不論其壽命的長短，但由生而老病
死，可謂是一切生命的自然法則。以人而言，平均壽命約為七十左右，
要言之，當生命步入中年後，大凡體力與活力已然無法相比於年少之
時，以是，有所謂的「退休」機制，此於人情、人性實為必然之事。正
因於生命的有限性，故如何一代傳承一代，則亦更顯得重要與理所當然
之事。於今，因於生活各層面的提升，即或已至退休之齡，但自願參與
各項志工行列的人數亦逐年攀升中，此對於整體的社會運作，誠可謂具
有高度的加分效果。

依於為人的天然本性而論，喜見一切生命體皆能和樂、和諧、合群
的相融在一起，不願得見生命與生命之間的仇恨與殺伐，若得見生命在
受苦受難中，則自會興起救拔整溺，此即是天然本性的顯發。惟世界一
家並非可一蹴可幾，和平並非可憑空而降，但須全體人類共同努力與維
持。或於當前的要務，可先由大自然環境的保護開始，以此，促使全人
類積極合作、互協互助，當憂愁、苦惱、厄難漸為降低之時，人類才有
趣向清淨的可能。

三十九、發願：願守護六根，淨身口意

六根為禍福之本

> 「尋夫眾惡所起，皆緣六根。是知六根，眾禍之本。雖為禍
> 本，亦能招致無量福業。故《勝鬘經》言：守護六根，淨身口
> 意，以此義證，生善之本。故於六根，發大誓願。」

嬰兒的純真，最是吸引眾人的目光。且觀嬰兒在熟睡時，其臉龐亦
總不自覺地彷彿在微笑著。惟隨著年歲的漸長，隨著所接觸的人事境緣
漸廣之時，為人的煩惱似乎也不斷在堆疊中，於是，本具有的純真笑容
亦彷彿消失難覓。即或，擁有令人稱羨的財富、權勢、能力等人士，亦
不因於外在條件的優渥而能具有更多的快樂。顯可得見，為人的煩惱實
然不在外，而在內心的欲求不滿所致。

再細思之：人心的不足又到底起於何處呢？顯然，只因將一切心思
皆置放於外在的一切境緣上，於是，當越沉溺於五光十色的社會大染缸
中，能不受其吸引與影響者，可謂是少數中之少數。以是，依於經文所
示：「六根，眾禍之本。雖為禍本，亦能招致無量福業。」此確為一語
道破關鍵之所在，為人本具的天性，可自然展現在六根上：眼能見色、
耳能聞聲、鼻能嗅香、舌能嘗味、身能覺觸、意能知法，如是，皆是真
性的作用所致。六根既可呈顯天性，故依於六根當可造福廣大的群眾，
反之；若起心動念受後天境緣所染污，則將可利用六根造作無邊的罪

業。以是而知：造禍或造福，皆在為人的一念之間，可不慎乎！

眼見妙色、耳聞妙聲

> 「先發眼根願：眼常得見十方常住法身湛然之色。常見三十二
> 相，紫磨金色。常見八十種好，隨形之色。次發耳根願：耳常
> 得聞諸佛說法八種音聲。常聞八萬四千波羅蜜聲。常聞一切眾
> 生皆有佛性法身常住不滅之聲。」

對於常人而言，視覺與聽覺的效果，可謂是最為直接的觸動。且隨
著資訊文明的發達，與相關多媒體的研發，更為世界帶來無限的連結與
想像空間。亦可言：聲與色對於人類的影響，將更是難以估量。惟歷代
的佛聖大德們，總一再地告誡於聲與色宜多所節制，如老子有言：「五
色令人目盲，五音令人耳聾。」如是之語，實然具有其甚深的義涵。為
人本具有純真的天性，如同一張白紙般，為其加上何種色彩，或者是以
何種色彩為基調，終將促使一張白紙呈現不同的樣貌，故自古以來，對
於胎教與幼教總投入甚多的心力，實然有其深意。

若能眼見與耳聞，皆是正向的引導，此則如同：「蓬生麻中，不扶
自直。」蓬草若成長於筆直的麻中，其自然亦呈現筆直，此為物情。同
理，為人亦然如是，若周遭皆是善知識，則其所展現亦將如是。然於今
在五光十色的環境中，如何才能永保不退轉，誠可謂不易。要言之，唯
自身多所警覺、多所節制、多所防護，且能深發善願：以能得見諸佛妙
色，以能得聞諸佛妙聲，為人生趣向與本願。

鼻嗅妙香、舌嘗妙味

「次發鼻根願：常聞十方眾生，行五戒十善六念之香。常聞八萬四千諸波羅蜜香。常聞十方無量妙極法身常住之香。次發舌根願：恒嘗諸佛所食之味。恒嘗法身戒定慧熏修所現食味。恒嘗諸佛泥洹至樂最上勝味之味。」

在為人所處的環境中，除色與聲之外，更多的是來自於不同人物事，所產生的各種氣味。且觀整體的大自然界，不同緯度，不同海拔，自有其不同的氣味流動著。此中除因於生物本身所產生的氣味之外，更多的是，當人類進入某一生物的活動空間時，為其所帶入對原環境的影響，而因之所產生的另一種氣味等。要言之：大自然本具有豐富的五顏六色，本具有如天籟般的交響樂，本具有由森林樹木所產生的芬多精等，如是的種種，皆在明示人類，若能真實善待環境與一切生命的生存空間時，則人類自能高度享受來自於大自然的各種恩典。

大地本長養甚多的五穀與蔬果，其營養成分足可提供人類健康的成長，實然不須為求口腹之欲，以強迫灌食畜養其他物類的生命，而後再宰殺之，當聞其痛苦哀號之聲，相信有所覺醒之人皆將無法嚥下其肉的。如此僅是徒增其他生命的痛苦之外，人類更因不當的飲食，造成各種文明病的出現。想來：與其專注於鼻與舌短暫不實的享受，不如發大心、行大願，與諸佛菩薩同享妙香與妙味。

身覺妙觸、意知妙法

「次發身根願：常覺臥安覺安無諸憂怖之觸。常覺十方諸佛淨
土微風吹身之觸。常覺飛行自在與諸菩薩聽法之觸。次發意根
願：常知以金剛心，斷無明闇，得無上果。常知體極一照，萬
德圓備。常知佛地，無量功德，無量智慧。」

　　為人本具眼耳鼻舌身意六根，當六根接觸外塵色聲香味觸法的境界
時，通常最直接的反應就是依於習氣使然。以是，諸佛菩薩的教導亦依
之而起，要學人在六根門頭上用功，要言之：當六根接觸六塵境界時，
能保持真性的見聞覺知而已，在每個覺知的當下，能清清楚楚、明明白
白，但卻又能不依於外境而產生愛染或瞋恚，此是諸佛菩薩的教導。真
性彷如一面鏡子，鏡子只是確然實實在在地反射所照之物而已，鏡子不
因外物而有雜染心，若能如是做到，此謂之修道。惟對於常人而言，若
無有思想觀念的常時引導與修學，若無有所親近善知識的耳提面命，實
然要能保持如是的見聞覺知，是為甚難之事。

　　以是，對於凡夫而言，較為可行的就是：多聽聞接觸正法，能善選
擇所相處的一切人事與環境，當外緣條件足稱得宜之後，除此，有關個
人的習氣則要能用心修改之。於一切的接觸與一切的起心動念上，若能
依之以諸佛菩薩為對照，將個己的自私放下，以成全他人為重，如是的
力行，相信自能近於天然本性。

言語文字所產生的力量

「次發口願：常發善言，使人利益。常言一切眾生皆有佛性，
當得常樂我淨。常教人孝養父母，敬事師長。常說十住佛地無
量功德。常使人修淨土行，莊嚴極果。常教人救濟窮苦，無暫
停息。」

　　與人溝通最直接的方式就是說話，透過彼此的言語互動，大抵可以
達成某一程度的了解。顯然，言語文字的表達，是可將自我內心的某一
部分呈現而出，然言語文字亦有其限制之所在，故有：「如人飲水，冷
暖自知。」或許更多的時候，是言語文字所無法表達的，以是有：「此
時無聲勝有聲」的名句。然如同雙面之刃一般，言語文字雖是溝通的一
種方式，但亦是容易造成彼此誤解的一種媒介，以是，自古聖哲無不告
誡要能善用之。

　　當在與人談話之時，除言語的內容之外，個人的語氣與態度等，將
對聽聞者產生關鍵性的作用。尤其在現今的網路時代，人們習慣在鍵盤
背後發表意見，文字的呈現表面雖看似無聲，然卻能殺人於無形之中。
在人群的互動中，每個人每天皆要使用大量的言語文字，但真能意識其
所將造成的影響究竟又有多少人呢？同理，諸佛菩薩亦是透過言語文字
教化眾生，以是，即或歷經數千年之後，當人們在覽閱經書與史冊之
時，佛聖的身教與言教，實然歷歷就在眼前，顯可得見：如何善用言語
文字所產生的作用，確為要事。

四十、囑累：以懺悔發願、慈悲念力，
令一切眾生，悉皆樂求無上福田

懺悔與布施的效用

「以今懺悔發願功德因緣，又願以慈悲念力，令一切眾生，悉
皆樂求無上福田，深信施佛，有無量報。令一切眾生，一心向
佛，具得無量清淨果報。願一切眾生，於諸佛所，無慳悋心，
具足大施，無所愛惜。」

人生的長短雖無法預知，但人生終將有盡，確為自然法則的必然。
要言之，即或用盡一生的心力，所能成就的一切功名、富貴、權勢等，
實然一皆無法帶得走。唯有留下足堪後人學習的典範，唯有留下足堪引
導眾生趣向性德的教化典籍，如是或才能與天地同壽。為人的一生，於
日常的點點滴滴生活之中，或有心、或無意，皆有可能傷人於無形而自
己又不自知。若無法具有深度的懺悔之心，若不能多所檢討自身的缺
點，則積累的習氣終將為自己帶來無窮的後患。

為人之所以無法真心的懺悔，實然皆與慳悋之心有其必然的相關
連，試想：一個自我慳悋的人，凡事以考量自身的利益為主，無法顧及
於他人的需要，如是之人，又如何能具有真實的懺悔之心呢！以是，諸
佛菩薩教導眾生的修行第一步就是「布施」，而布施的首要之事，就是
要將自身的慳悋之心捨掉，當隨著捨除之心的建立漸行穩固之後，或才

能更進一層以表露自身的過失,並發心從此不再重犯之。顯然,懺悔與布施,可謂是一體的兩面,故諸佛菩薩皆以不疲不厭來化導眾生,以如是的現身說法,成就其累劫的行願。

深觀自身的幸福

> 「又願一切眾生,於諸佛所,修無上福田,離二乘願,行菩薩道,得諸如來,無礙解脫,一切種智。又願一切眾生,於諸佛所,種無盡善根,得佛無量功德智慧。又願一切眾生,攝取深慧,具足清淨無上智王。」

常言有道:「人在福中不知福。」對於大多數之人而言,總感覺每天有甚多的忙碌與煩惱。日子看似一日又一日,卻又永遠在追想著、計劃著另一個明天,且人群聚合之時,除為慶祝歡樂之外,或許更多是彼此的抱怨與取暖,於是,生活好似無有真正的悠閒與安然。當人生正感無奈之時,幸有聽聞諸佛菩薩教導的機會,得知生命的真諦,尋得人生的價值與意義,從此人生將有不同的風貌與樣態,此確為人生的一大幸事。

與其將心力專注於外境的一切,以隨著外境的起伏而浮沉,不如將心思置於廣修福德以利人群之上,即或力有所不及,但追隨諸佛菩薩的腳步,追隨聖哲們的典範,如是的人生,即或有不盡如人意,卻也安然安心,此為修學佛聖之道的所得。如云:「人身難得今已得,大道難聞今已聞。」想自己的人生,從今有所依循的方向,以學習諸佛如來的「深慧」為目標,以行持菩薩道為終身之志,不以自身安樂為主,但盡己能為人群服務,廣愛一切生命如同自己,此為諸佛菩薩的願行,實然

亦是人生最高的享受與幸福。

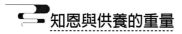 知恩與供養的重量

> 「願諸菩薩摩訶薩，以本願力，誓度眾生力，攝受十方，無窮
> 無盡，一切眾生。願諸菩薩摩訶薩，不捨一切眾生，同善知
> 識，無分別想。願一切眾生，知菩薩恩，親近供養。」

人生總是無法盡如人意，也總是充滿著挑戰與考驗。任何一階段的關係皆無法可以永恒不變，只因一切的人事環境總是在變動之中，或正因於當是時的各種所呈現的條件不同，於是，不同的選擇終將造成不同的結果。如云：「話說天下大勢，合久必分，分久必合。」於天下局勢是如此，於人情更是如此。今日的友好，無法保證明日亦然如是。當人生充滿著如是不確定的存在因素時，唯一最足堪掌握的就是把握每個當下。每個當下，看似剎那即過，但若以每個當下皆能恒持如是，則看似剎那即成過去的那個剎那，終究可串連成一部的人生影像。

人生最難能可貴的無過於思想觀念的提升，於今得聞諸佛菩薩的教導，明悟：無有眾人，則無有我個人的單獨存在。要言之，一切眾生在生命流轉的過程中，皆彼此曾互為親屬朋友等關係，以是，即或今生相遇，彼此有意見的相左，彼此有習染的差異，乃至言語行為等的隔閡，因之所造成的嫌隙與對立，實然皆是在考驗著彼此的智慧與耐心。想來：唯有感一切眾生之恩，並行之以供養之心，以更多的善解與包容，或才有可能如菩薩：「不捨一切眾生，同善知識，無分別想」的心行與願力。

不捨離於正道正法

> 「願諸菩薩慈愍攝受,令諸眾生,得正直心,隨逐菩薩,不相
> 遠離。願一切眾生,隨菩薩教,不生違反,得堅固心,不捨善
> 知識,離一切垢,心不可壞。令一切眾生,為善知識,不惜身
> 命,悉捨一切,不違其教。」

當世界的彼此連結更形緊密之時,所謂「一即一切,一切即一」的
華嚴境界,實然已現現成成就在眼前。既然世界的局勢已然促成世界已
成一家,於今唯一之計,只能依如華嚴相融相攝的境地,以達互助互成
為目標。對於常人而言,總希望在人生的過程中,能得遇善知識,能得
貴人相助,但依於因果定律而論,若想得到他人的相助,則需先成為助
人之人,此理,確為如是。當自身總能無私地相助於他人,如是所營造
而成的氛圍,自然亦能得有他人的相助。

對於修學佛聖之道者而言,與其用盡心思以尋求大善知識與正法道
場,此確為修學上甚重要之事,然若眼前尚未能如願,不如先依於佛聖
大德們所留下的正道正法,努力精進以行持,再加上真誠心的祈求,或
將如祖師大德所言:「一分誠敬,得一分利益。」當至誠之心與諸佛菩
薩相應之時,相信自能感得善知識的現前。顯然,關鍵仍在自身的力行
實證,若不能如是,則即或真有善知識出現在眼前,亦終將因自身的傲
慢與懷疑而錯失,如是則將永無有貴人的相助。

同入正覺的人生方向

「仰願彌勒世尊，現為我證。十方諸佛，哀愍覆護。所悔所願，皆得成就。願諸眾生，同慈悲父，具生此國。預在初會，聞法悟道，功德智慧，一切具足。 與諸菩薩，等無有異。入金剛心，成等正覺。」

在一期的生命歷程中，因於人事與環境的不同，各有其所當親與所當敬之人，此為人情與人性的必然如是。即或生存於廣闊的大自然中，即或深知一切生命本是共同體，即或外在的環境甚是繽紛多彩，但每個生命皆有其所當要且必要優先面對與處理的，此於一切物情已然如是，於人世亦為如是。反觀自身的一生，除前期大抵為自身的成長，於後或為學業、家庭乃至事業等，至此，已然耗盡大半人生，惟所餘的人生時段，又當以何為最優先呢？此誠然不可不思慮之。

如前人所言：「此身非我有，紅塵非家鄉。」一期生命結束之後，到底我又將在何方？於今，得聞佛聖之教，知有諸佛菩薩的淨土，知有本覺本然的家鄉，此為真正的家。所謂同入正覺，則說明願與諸佛菩薩同一心行，要言之，諸佛菩薩是「以眾為我」：視一切眾生如同自己，當能放下個己的貪瞋癡慢疑時，則亦呈顯正步上回家之路。人生若能有明確的方向，能於過去、現在乃至未來，皆有明確的目標，皆能了然於心，此誠可謂是人生最大的幸福。

國家圖書館出版品預行編目(CIP) 資料

懺悔的實證：依於<<梁皇寶懺>>/胡順萍著. --
　　初版. -- 臺北市：元華文創股份有限公司，
　　2022.03
　　面；　公分

　　ISBN 978-957-711-248-4 (平裝)

　　1.CST: 懺悔　2.CST: 佛教儀注

224.4　　　　　　　　　　　　　　111001677

懺悔的實證：依於《梁皇寶懺》

胡順萍　著

發 行 人：賴洋助
出 版 者：元華文創股份有限公司
聯絡地址：100 臺北市中正區重慶南路二段 51 號 5 樓
公司地址：新竹縣竹北市台元一街 8 號 5 樓之 7
電　　話：(02) 2351-1607
傳　　真：(02) 2351-1549
網　　址：www.eculture.com.tw
E - m a i l：service@eculture.com.tw
主　　編：李欣芳
責任編輯：立欣
行銷業務：林宜葶
出版年月：2022 年 03 月 初版
定　　價：新臺幣 380 元

ISBN：978-957-711-248-4 (平裝)

總經銷：聯合發行股份有限公司
地　　址：231 新北市新店區寶橋路 235 巷 6 弄 6 號 4F
電　　話：(02)2917-8022　　　　　傳　　真：(02)2915-6275